论教育学·系科之争

Über Pädagogik · Der Streit der Fakultäten

【德】伊曼努埃尔·康德 著
杨云飞 邓晓芒 译
邓晓芒 校

中国轻工业出版社

图书在版编目（CIP）数据

论教育学·系科之争 /（德）伊曼努埃尔·康德
（Immanuel Kant）著；杨云飞，邓晓芒译. —北京：
中国轻工业出版社，2019.2
 ISBN 978-7-5184-2203-6

Ⅰ.①论… Ⅱ.①伊… ②杨… ③邓…
Ⅲ.①教育学－德国－近代 ②哲学思想－德国－近代 Ⅳ.①G40②B516.31

中国版本图书馆CIP数据核字（2018）第250823号

总　策　划：石铁
策划编辑：吴红　　　　　　　　责任终审：杜文勇
责任编辑：吴红　牟聪　　　　　责任监印：刘志颖

出版发行：中国轻工业出版社（北京东长安街6号，邮编：100740）
印　　刷：三河市鑫金马印装有限公司
经　　销：各地新华书店
版　　次：2019年2月第1版第1次印刷
开　　本：710×1000　1/16　印张：16.00
字　　数：135千字
书　　号：ISBN 978-7-5184-2203-6　定价：58.00元

读者服务部邮购热线电话：010-65125990，65262933　传真：010-65181109
发行电话：010-85119832　传真：010-85113293
网　　址：http://www.wqedu.com
电子信箱：1012305542@qq.com
如发现图书残缺请直接与我社读者服务部（邮购）联系调换
180395Y1X101ZBW

译者导读

伊曼努埃尔·康德（Immanuel Kant，1724—1804）不但是伟大的哲学家，而且是伟大的教育家。其实按照他的观点，教育问题说到底是一个哲学问题，因为他把自己的全部哲学问题都归结为"人是什么"的问题。[1] 而按照当时盛行的看法，人是教育的产物，且教育者必须先受教育，这些都不是单纯的经验问题、家庭问题和社会问题，而是哲学问题。在这方面，康德受卢梭的影响极深，据说他唯一一次打破平生机械遵守的作息习惯，没有在下午准时出门散步，就是因为通宵看卢梭的教育学代表作《爱弥儿》忘了时间。康德生活的18世纪被称为德国历史上的"教育学的时代"[2]，普鲁士当局在世界上首次颁布了强迫义务教育的法令，巴泽道在德绍创办的博爱学校以人道主义精神教育孩子，在整个欧洲都影响巨大，

---

[1] 康德在1793年致卡·弗·司徒林的信中说："在纯粹哲学的领域中，我对自己提出的长期工作计划，就是要解决以下三个问题：①我能知道什么？（形而上学）②我应做什么？（道德学）③我该希望什么？（宗教学）接着是第四个，最后一个问题：人是什么？（人类学，二十多年来我每年都要讲授一遍。）"而在《逻辑学讲义》（1800）中他明确提出，所有前三个问题都与人类学有关。

[2] 参看：吴式颖，任钟印. 外国教育思想通史：第六卷 [M]. 长沙：湖南教育出版社，2006：429.

并得到康德的极力推崇。康德出身贫寒，大学毕业后当过9年的家庭教师，先后在三个家庭教12岁以下的男孩，有丰富的幼儿教育经验；后来进入哥尼斯堡大学当教师，从讲师做到正教授，有四十多年的大学教育生涯，这些都使他具备充分的资格来谈论教育问题。他一度还当过哥尼斯堡大学校长，对当时德国教育的现状和弊病了如指掌，并积极思考改进之道。本书将康德的《论教育学》和《系科之争》集结起来编为一册，前者集中讨论的是儿童教育的问题，后者则主要涉及大学教育和社会大众教育，比较全面地反映了康德的教育思想。

康德的教育思想和他的建立于实践理性之上的道德哲学是一脉相承的。如果要用一句话简洁地概括他的教育观，那就是从儿童到青年，一切都要向着培养一个有道德的人而努力。就儿童教育来说，康德把教育分为"自然的教育"和"实践的教育"。所谓自然的教育，就是一方面对儿童进行初步的纪律规范，不能纵容和放任自流（消极方面）；另一方面要让他们去尝试、摸索和发展自己的自然能力，不能人为束缚或越俎代庖（积极方面）。所谓实践的教育，就是除了学习生活的技能和与人打交道的处世方法外，还必须教给孩子运用自己所培养起来的自然能力，特别是按照准则行动的能力，去建立起善恶和义务的观念，以便经过道德教育而通往宗教，真正的宗教教育是属于道德性的。可见在儿童教育问题上，他主要是吸收了卢梭的自然主义的教育观，但同时也融入了理性主义和斯多葛主义的规训观念，并且从当时的著名教育家裴斯泰洛齐和巴泽道那里接受了教育和劳动相结合的思想。在具体的教育细节上，他根据自己的教育经验，列举了大量生动的例子，说明在孩子哭闹时应该怎么办，在他们说谎时应该怎么办，在孩子欺负别人、歧视佣人时如何对待，如何培养他们勇敢坚毅的性格，等等，这些贯穿着启蒙理性的自由、平等和博爱思想的教育观，对于今天的家长和教师都非常具有参考价值。但也有由于他的新教虔敬主义背景而带来的过于严峻的偏向，例如他反对"寓教于乐"的游戏式教学，甚至反对孩子看小说。在青春期的性教育上，他主张通过严肃坦率的交谈而在适当的时候让青少年获得性知识，同时又让他们意识到过早关注这方面不利于他们自身的成长，主张通过积极的工作和学习来转移注意力，为将来的恋爱和家庭生活做好准备。奇怪的是，他认为青少年手淫要比发生性关系更糟糕，因为后者是自然的，前者则是不自然的。但他主张真正健康的性关系应该建立在对异性的敬重之上。他看重的是青年应该形成独立自尊的人格，不要按照别人的价值标准来评价自己，而要初步树立自己的法权原则，即权利意识和公平意识。

就大学教育和成人教育来说，康德着重探讨的是神学系、法学系、医学系与哲学系之间的关系。他把各个系科分为由神学系、法学系和医学系组成的"上层系科"，以及哲学系这种"下层系科"。所谓"上层（obere）"和"下层（untere）"，是按照官办大学的意识形态管控来分类的，上层就是和官方较近、能直接执行官方意志的系科，而下层则是比较民间的、由具有自由思想的人士凭借理性和法则建立的系科，所以评价的标准是不一样的。有人将之译作"高等学科"和"低等学科"，其实康德并不认为哲学是低等学科，相反，他认为哲学才是最高等的，是"一切科学的科学"。但在当时的普鲁士教育体制下，哲学系是最受压制的，被视为一切动乱之源。康德在承认国家对大学进行思想和意识形态控制的权限和必要性的前提下，巧妙地与现行制度周旋，尽一切可能扩展哲学系的权限和自由思想的空间。他主张，尽管在维护政府的绝对权威以保证社会稳定、人民安居乐业和身体健康方面，起动摇和破坏作用的一切争执都是"非法的"；但在学术问题上，仍然可以由专家学者在系科间进行"合法的"争执，政府不得干预，否则是有失政府尊严的。康德认为哲学层面上的学术争论并不会引发民众的思想混乱，因为他们本来就不关心这些抽象理论；但同时，这种争论对于厘清其他各系科的原理，尤其是揭示出这些原理底下的道德本质，具有不可缺少的作用。因此从长远来看，这种争执甚至对政府本身的长治久安也是有实际好处的。

首先，宗教教育真正说来应该是道德教育，其他那些外在的形式和崇拜仪式都是第二位的，只有引进门的作用，而绝不能喧宾夺主，否则就会引发无止境的教派斗争。只有作为道德教育的宗教才具有普遍的意义，并且是基督教在历史上多次由于内部分裂和信仰滑坡而走向消沉时能够重新崛起的主要依据。康德在神学系和哲学系之争这个问题上的讨论和分析占了整个《系科之争》一半的篇幅，他努力要证明的是他在《实践理性批判》和《纯然理性界限内的宗教》中所阐明的原理，即只有"道德的宗教"，而没有什么"宗教的道德"。也就是说，宗教以道德为基础才是真正的宗教，因此宗教问题说到底是一个哲学问题。在这个问题上，当年普鲁士国王弗里德里希·威廉二世所批示的教育和宗教事务大臣沃尔纳对康德的申斥使他耿耿于怀，他将这一批示及他自己的答辩原文在前言中公之于众。可以看出，他的答辩辞虽然在最后服软，保证"作为国王陛下您最忠实的臣民"不再谈论宗教问题，但在原则问题上依然态度强硬，丝毫没有让步。他申辩说，自己作为青年导师是合格的，而作为"民众导师"也是不但无害而且有益于国家宗教的。而其中的一个注释则更是以调侃的口气表示，他当年的这一保证在国王逝世之后的今天已经失效了，因为他已经是新国王的臣民了。

其次，法学教育作为使人类在历史中日益趋向改善和进步而设计出来的公民宪政教育，本身的理论也是建立在道德哲学基础之上的，只有以道德哲学的眼光，我们才能看出人类历史中的确有一种在道德上不断改善进步的倾向，也才能在这一预设和希望的理念之下确定我们应该遵守的公民社会法则。虽然在人类的经验中这一前景似乎只能诉之于神秘主义的预测或预卜，但凭借实践理性的哲学眼光，我们能够对诸如法国大革命这类历史事件的经验洞若观火，看出其中所呈现出来的某种"天意"，也就是历史进步的必然趋势。因此，法学系绝不只是学习一些法律条文，也不只是了解人类历史上的一些经验案例，而是必须通过对民众的启蒙而在其头脑中建立某种合乎道德法则的社会理想，哪怕这种理想在现实中是一个根本不可能实现的乌托邦，却可以用作标准来批判现存社会的缺陷并谋求改进之道，即通过不断增加的"合法性"而日益逼近理想中的"道德性"。因此"预卜的人类历史"并不只是巫师和先知的特权，也是哲学家的使命。康德在这里已经预先提出了当代法兰克福学派的"社会批判理论"对待乌托邦理想的原则。

最后，医学系研究的是有关人的身体健康的学问，即养生学和治疗学，由于其本身属于自然科学，所以政府部门的职责只在于监管，而不能干预其自然研究。但康德仍然竭力想要在其中找出人类心灵的哲学原理来为人类祛病养生提供根据。他以自己如何通过对意念的控制来克服失眠、消除病状的个人经验试图证明，一个内心健康的人也能够做到身体上保持健康。当然他这方面的论证并没有多少说服力，他对这一方法的普遍适用性似乎也没有充分的自信，但至少展示了一位哲人是如何做到身心的最佳统一的。

总之，在康德眼里，所谓教育的根本就是哲学教育，哲学系是一所大学中最根本、最基础的系科，因为它所从事的是理性的事业，也是自由的事业，只有在此基础上才有可能形成独立自主的有道德的人格。这让我想起华中科技大学前校长、我国素质教育的倡导者杨叔子院士的名言："一流的工科必须有一流的理科，一流的理科必须有一流的文科，一流的文科必须有一流的哲学。"[1] 然而，这些年来，素质教育在中国已经变质了，一讲素质教育，人们想到的就只是一些类似于"课外活动"的东西，如琴棋书画、古典戏曲、服饰审美、诵经演礼，再学点希腊文、拉丁文，无须精通，只要能显摆一下，就号称"博雅教育"。至于哲学，学生们则一直都避之唯恐不及。这或许是因为，我们其实没有什么像样的哲学思想，因此

---

[1] 这是校内流传的原始版本，是1996年杨叔子任校长期间创办华中理工大学哲学系时说的，与目前公开出版和网上流传的说法有点出入。

我们的教育也只能被禁锢于政治实用主义和技术实用主义，培养不出独立之人格、自由之思想。我们培养的学生大多要么是头脑狭隘的工具，要么是投机取巧的政客。这就不难理解，在我们这里哲学系成了如同康德时代的神学系那样的"上层系科"，即自上而下地论证和灌输某些既定教条的机构，却缺乏诉诸人的健全理性并能够与上层系科进行"合法争执"的、作为"下层系科"的哲学系科。所以读康德的教育哲学，我们会有很强烈的现实感，对我们今天的教育制度会有一个比较客观的反思。

本书中的《论教育学》和《系科之争》已有李秋零的中译本，分别载于所编《康德著作全集》第9卷和第7卷。《系科之争》的第二篇"哲学系与法学系的争执"也已有何兆武先生和李明辉先生的译文（前者载于何兆武译《历史理性批判文集》，后者载于李明辉译《康德历史哲学文集》）。我们之所以要将这两部分合起来再出一个关于教育学的译本，是因为我们认为这两部分分散在两个不同的集子中，体现不出康德教育学思想的全貌（即初等教育和高等教育），不利于对康德的教育哲学做贯通的考察。而这次翻译，我们依据普鲁士科学院版《康德著作全集》第7卷和第9卷，对照其他几个德文版和英文版，对已有的中译本进行了全面的再推敲。我们发现，康德的这两个文本篇幅不大，但翻译的难度却相当大，甚至在某种意义上比康德的"三大批判"还难译。因为它们不但保持着"三大批判"中那种冗长烦琐的文风，而且有在谈论经验事物时的那种机智和风趣，再加上当时深厚的人文背景和康德渊博的知识面，这就使我们在翻译一些句子时颇费思量，很多意思要凭体会和猜测，也增加了不少考证和查找的工夫。而康德在本书中表达整体思想时也不像他的正式体系那样直截了当，更多的是转弯抹角、含沙射影，这也增加了我们理解的难度。再加上与已有中译本进行反复对照，翻译这本不到13万字的小册子耗费了我们不少的时日，所花时间比我们翻译康德的其他主题较为单纯的著作至少要多两倍。本书由杨云飞副教授译出初稿（因杨老师后期患重感冒，其中《系科之争》的第一篇最后部分从"系科之争的和平协定和调解"起的1万字以及第三篇"哲学系与医学系的争执"的1.4万字由我翻译补上），由我全面校对，最后再由我统稿，并为两个文本分别做了德汉词汇索引和汉德词汇对照表。由于最后统稿工作由我完成，因此译文中凡有不当之处均由我负责，还望方家不吝指正。

邓晓芒

2018年1月20日于喻园

目　录

译者导读……………………………………………………………… I

论教育学 / 1

编者前言……………………………………………………………… 3
导言…………………………………………………………………… 7
正文…………………………………………………………………… 25
　　论自然的教育…………………………………………………… 26
　　论实践的教育…………………………………………………… 65
《论教育学》德汉词汇索引………………………………………… 83
《论教育学》汉德词汇对照表……………………………………… 89

系科之争 / 93

献辞…………………………………………………………………… 95
前言…………………………………………………………………… 97

第一篇　哲学系与神学系的争执 / 107
导论…………………………………………………………………… 107

各系科的一般划分 ……………………………………………… 109

第一章　各系科的关系 ……………………………………………… 111
　　第一节　上层系科的概念和划分 ………………………………… 111
　　第二节　下层系科的概念和划分 ………………………………… 118
　　第三节　论上层系科与下层系科的违法争执 …………………… 121
　　第四节　论上层系科与下层系科的合法争执 …………………… 125
　　结论 …………………………………………………………………… 129

第二章　附录：借助于神学系和哲学系之间的争执实例来
　　　　阐明系科之争 …………………………………………………… 131
　　一、争执的内容 ……………………………………………………… 131
　　二、调解争执的解经的哲学原理 ………………………………… 134
　　三、对上述解经原理的反驳意见及其回应 ……………………… 143
　　总的注释：论宗教教派 …………………………………………… 147
　　系科之争的和平协定和调解 ……………………………………… 164
　　圣经历史学诸问题附录：关于这部圣书的实践利用和
　　　对其存续时间的推测 …………………………………………… 173
　　附录：论宗教中的一种纯粹的神秘主义 ……………………… 175

第二篇　哲学系与法学系的争执 /183

重提问题：人类是否在不断地朝着改善前进？ ……………………… 183
　　一、人们在此想要知道什么？ …………………………………… 183
　　二、人们如何能够知道这一点？ ………………………………… 184
　　三、人们想预知的未来事物之概念的划分 ……………………… 185
　　四、进步的课题不能直接通过经验来解决 ……………………… 187

五、但预卜的人类历史却必须与某种经验相联系……… 189

六、论我们时代的一个事件,它证明了人类的这种道德
趋向……… 190

七、预卜的人类历史……… 193

八、论着眼于向世界福祉进步的准则在其公开性方面的
困难……… 196

九、朝着改善进步将给人类带来什么收获?……… 199

十、只有在何种秩序下才能够期待朝着改善进步?……… 200

结束语……… 202

第三篇　哲学系与医学系的争执 /203

论内心通过单纯的决心控制其病态感情的力量
　　——致枢密官胡弗兰德教授先生的一封回信……… 203

养生学的原理……… 209

一、论疑病症……… 212

二、论睡眠……… 214

三、论饮食……… 217

四、论由于在思想中不合时宜而产生的病态情感……… 219

五、论通过在呼吸中下决心来消除和防止病态的偶发症…… 220

六、论这种紧闭双唇吸气的习惯的结果……… 222

结束语……… 223

后记……… 227

《系科之争》德汉词汇索引……… 229

《系科之争》汉德词汇对照表……… 235

论教育学[1]

【德】伊曼努埃尔·康德 著
杨云飞 译
邓晓芒 校

---

[1] 据《康德著作全集》(*Kants Werke*, Band I-IX, Herausgegeben von der Königlich Preußischen Akademie der Wissenschaften, Walter de Gruyter, Berlin, 1968) 第九卷译出。对照了 Wilhelm Weischedel 编辑的《康德六卷本著作集》(*Immanuel Knats Werke in Sechs Bäden*, Insel. Verlag, 1964) 第六卷。参考了英译剑桥版康德文集《人类学、历史学和教育学》(*Anthropology, History and Education*, ed. By Günter Zöller and Robert Louden, Cambridge University Press, 2011) 和李秋零中译本《康德著作全集》第9卷（中国人民大学出版社，2010年版）。——译者注

编者前言[1]

[9:439]

按照一条早先的规定,在哥尼斯堡大学必须持续地,也就是每次轮换由一位哲学教授给大学生讲授教育学。于是这个讲演系列有时就落到了康德教授先生的肩上,他根据的是由他以前的同事、教会监理会成员 D. Bock 所编的《教育艺术课本》,只不过既不遵照它的研究进度,也不严格遵循它的原理。

以下对于这部教育学著作的说明把它的产生归因于上述这种情况。如果这些讲演的时间跨度不是如同它实际上发生的那样必须被严格地遵守,而且康德以这种方式来做出安排,即对这个话题进一步加以扩展并更详细地形诸文字,那么这些讲演也许会更加有趣,并且在有些方面会更加详细一些。

---

[1] 《论教育学》由康德的学生弗里德里希·特奥多尔·林克博士根据康德的讲稿整理编辑而成。——译者注

由于多位有功人士，特别是裴斯泰洛齐和奥利菲尔[1]的努力，教育学最近产生了一个新的引人注意的方向，在这个方向上我们可以祝愿未来的人类获得不亚于借天花疫苗获得的幸福，尽管有一些反对意见是这两位还必须面对的，这些意见的提出者当然有时装得很有学问，有时装得非常高尚，这些意见却并不因此而特别站得住脚。康德在这方面也了解当时那些新的理念，对它们做过反省，有些眼光远远超出了同时代人，这无疑是自明的，而且也是可以从这些尽管不是出自仔细挑选的兴之所致的评论中得出来的。

关于我所附加的注释，我没有什么要说的；它们不言自明。

[9:440] 在书商福尔玛对我编的康德自然地理学版本肆意做出卑劣的攻击之后，编辑这样一些手稿对我来说就不再可能是一件令人愉快的工作。既然我能够平静、满足而积极地在我本来并不狭隘的活动范围里生活，为什么我要用一些分外的要求使自己丢脸，使自己受到这些不成熟的判决呢？倒不如我把自己的闲暇时刻奉献给那些凭借有识之士的赞赏我可以相信自己已经并且能够立下一些功劳的研究工作。

我们祖国的文献除了其中真正博学的部分之外，恰恰并不表演任何诱人的戏剧，而到处都在跳出来的党派之见则与含沙射影

---

[1] 裴斯泰洛齐（Johann Heinrich Pestalozzi，1746—1827），瑞士教育家，崇奉卢梭的教育思想，曾在家里开门办学，法国革命后创办过两所实验学校，推行德、智、体的全面教育，写下的一系列有关教育的著作成为了近代教育学的经典。奥利菲尔（Olivier），一位年龄介乎裴斯泰洛齐和赫尔巴特之间的教育家，本文后面康德（或说是林克）在注释中让读者"参见奥利菲尔的《论好的教学方法的特性和价值》，莱比锡，1802年，及其《教授阅读和正确书写的艺术》，德绍，1801年"，见 [9:473]。其余信息不详。——译者注

的论战及拙劣的文字之争结合在一起，甚至我们那些更优秀的头脑有时也参与其中，这并不是特别吸引人来参加的。使自己遭到失败，以便能够将失败连本带利又还给自己的敌人，由此获得某种异常的权利[1]，凭这种权利搞突然袭击，他们就误以为自己升格成了文献的独裁者：对于这种快乐，我非常愿意让给别人。这种纸糊的辉煌有祸了！但如果他们变得好些，事情就会有所不同吗？

林克

于1803年春季博览会[2]

---

[1] "异常的权利"的德语原文为Dreifußrecht，直译为"三只脚的权利"。正常人都是两只脚，三只脚是异常的。林克使用这个表述，应该是形容那些攻击者过分、蛮横的做法，形容他们自以为占有某种特权。——译者注

[2] 原文为Jubilatemesse，按Jubilate为复活节后第三个星期日，通常在四、五月份。——译者注

导　言

人是唯一必须接受教育的被造物。我们所理解的教育（Erziehung），是指照管（抚养、供养）、规训（训诫）和连同教化一起的教导（Unterweisung）。据此，人依次是婴儿、子弟和学徒。

动物只要拥有某种力量，就会合乎规则地，也就是说，以不会损害自身的方式使用其力量。这的确值得惊叹，例如，人们发现，刚刚破壳而出、眼睛尚未睁开的雏燕，就丝毫不差地知道要让自己的粪便落到鸟巢之外。因此，动物不需要照管，至多需要食物、温暖和引导，或者一定的保护。大多数动物的确需要喂养，但不需要照管。人们把照管理解为父母的保护措施，即不让孩子有害地使用自己的力量。例如，如果动物也像人类婴孩所做的那样，一来到世上就啼哭，就必定会成为被它的哭声引来的狼或别的野兽的猎物。

规训或者训诫（Disziplin oder Zucht）把动物性转化成人性。一个动物通过它的本能就已然是其全部；一个外在的理性[1]已经为它安排好了一切。人则要运用自己的理性。他没有本能，而必须自己

---

[1] 应指造物主。——译者注

给自己制订其行为的计划。但是，由于他并非生来就能这样做，而是赤条条地（roh）降生于世，所以必须由其他人来为他做这件事。

人类应当通过自身的努力，将人性的全部自然禀赋通过自己的努力逐步地从自身发展出来。一个世代教育下一个世代。然而，人们既可以在一个赤条条的状态中，也可以在一个完善的、被培养成的状态中寻求最初的开端。如果后一种状态被假定为在先的和一开始就存在的，那么人必定是后来重新变得野蛮并堕落到粗疏的。

[9:442]

规训防止人由于动物性的驱动而偏离其使命，即人性。例如，规训必须限制人，使其不至于毫无顾忌地、轻率地去冒险。因此，训诫是纯然否定性的，也就是说，是从人身上消除野性的行动；与此相对，教导则是教育的肯定性部分。

野性就是不受法则影响。规训将人置于人性的法则之下，并由此开始让他感受到法则的强制。但这必须及早进行。因此，人们把孩子送到学校，并不是一开始就已经有这种意图，即让他们在那里学习某件事，而是让他们能够习惯于安静地坐着，严格遵守事先给他们规定好的东西，以使他们不会在将来一有某个想法，就真的并且眨眼间付诸行动。

但是，人对自由天生就有一种如此强烈的倾向，以至于他只要有一段时间习惯于自由，就会为它牺牲一切。正因为如此，规训也必须像前面说的那样及早施行，因为一旦没有这样做，到后来就很难改变人了。他就会随性而为。人们在各野蛮民族那里也可以看到这一点：尽管他们长时间地服务于欧洲人，却从来不适应欧洲人的生活方式。但在他们那里，这却并不像**卢梭**和其他人以为的那样，是一种对自由的高贵的趋向，而是由于动物尚未在某种程度上在自身中发展出人性来的某种粗痞性（Rohigkeit）。因此，人必须尽早使自己习惯于服从理性的规范。如果人们使某个人在幼年时放任其意志，对其不加任何遏制，则他就会终其一生保有某种野性。而那些在幼年时受到母亲过分溺爱娇惯的人，也是无法补救的，因为一旦让他们进入世事纷扰之中，他们从此就只会越来越多地受到来自四面八方的抵制，并到处受挫。

这是一种在上流人物的教育中常犯的错误：因为他们注定要做统治者，所以在其年幼时，人们也就从未真正地阻止过他们。由于人具有对自由的倾向，打磨掉其粗痞性是必要的；相反，动物由于其本能，就不需要这种打磨。

[9:443]

人需要照管和教化。教化本身包含着规训和教导。据我们所知，动物是不需要这些东西的。因为除了鸟类学习歌唱之外，没有哪种动物从年老者那里学到什么东西。鸟类的歌唱是由年老者教会的，如同在学校里一样，年老者倾其全力为幼鸟示范，而幼鸟则努力从其稚嫩的喉咙中发出同样的音调，这看起来颇为感人。为了证明鸟类不是出自本能而歌唱，它们确实是学来的，值得花功夫去做一个实验：把金丝雀巢里的卵取走一半，然后把麻雀的卵放进去，或者也可以直接把麻雀与金丝雀的雏鸟调换。如果人们把这些麻雀的雏鸟放到一个房间里，使它们听不到外面麻雀的叫声，它们就会学习金丝雀的歌唱，人们就得到会[像金丝雀一样]歌唱的麻雀了。事实上这也是很值得惊奇和赞叹的，即每一种鸟都世世代代保持某种主要的歌声,而这种歌唱的传统大概是世界上最忠实的传统了。[1]

人只有通过教育才能成为人。除了教育把他塑造成的东西,他什么都不是。需要注意的是,人只有通过人,通过同样是受过教育的人才能被教育。因此,某些人身上规训和教导的欠缺,又使得他们成为其学生的糟糕的教育者。而一旦有一个更高类型的存在者[2]来操心我们的教育,人们就终究会看到,人能够成为什么。但既然教育一方面是教给人某些东西,另一方面只是在他身上发展出某些东西,那么人们就不可能知道,在他身上自然禀赋能够达到什么地步。假如在这里至少通过上流人物的支持,通过众人的合力做一项实验,那么这个实验也就已经能告诉我们,人到底能够做到什么程度。然而,对于思辨的头脑来说一个同样重要、就像对于博爱主义者来说同等悲哀的一个发现,就是看到上流人物通常总是只关心自己,而不是以能使自然更进一步接近完善的方式,参与到教育的这项重要的实验中去。

没有哪个在幼年时缺乏管教的人,在长大后不会自己觉悟到,

[9:444]

---

[1] 康德在这里针对麻雀所说的,在某种程度上还可以进一步扩展到其他动物身上。于是我们会注意到,例如,从小就被捕捉来的狮子永远不能够完全像成年狮子和后来才被剥夺自由的狮子那样咆哮。但在这个例子中还必须查明的是,这里面有多少应该算到改变了的生活方式的账上,这种生活方式不能不对一个还未长成的机体、对一个尚未完成教养的动物造成影响。在此针对麻雀所说的也只是有限度地有效。我们从来也不会有这样的可能,把麻雀的歌唱听成一只真正的金丝雀的歌唱。Naturam furca expellas, et tamen usque recurrit. [译者按:此处为拉丁文,可译为:"你用棍子驱逐自然,但它还会回来。" 语出贺拉斯《书简》1, 10, 24.] 甚至在鸟类的变种那里也会产生明显的差异。参看:吉尔坦纳 (Girtanner),《论康德的自然历史原则》,哥廷根,1796年,第341页。——林克注

[2] Ein Wesen höherer Art,指神圣的存在者。——译者注

他在规训或在教养[1]（人们可以这样来称呼"教导"）方面曾被疏忽过。未受教养的人是赤条条的，未受规训的人是野蛮的。耽误规训是一种比耽误教养更大的弊端，因为教养还可在以后再弥补，但野性却无法去除，规训的疏忽是永远无法补救的。也许，教育会逐渐改善，每一代后人都将向着人性的完善更趋近一步；因为在教育（Edukation）背后，隐藏着人类本性的完善性的伟大秘密。从现在起这是可能发生的事了。因为人们现在才开始正确地判断和清楚地看出，真正说来什么属于好的教育。设想人的本性将通过教育而发展得越来越好，而且人们能够使教育具有一种合乎人性的形式，这是令人陶醉的。这为我们展示了一种未来更加幸福的人类的前景。

对一种教育理论的筹划是一个崇高的理想，即便我们无法马上实现它，也无损于其崇高。哪怕在实现它时出现重重困难，人们也绝不能马上把这一理念看作幻想，并给它一个美梦的坏名声。

一个理念不是别的，无非是关于一种在经验中尚不存在的完善性的概念。例如，一个完善的、按照正义的规则来管理的共和国的理念！它因此就是不可能的吗？我们的理念首先必须是正确的，然后它才绝非不可能的，无论在其执行过程中会有多少障碍挡道。例如，假如每个人都说谎，说真话就因此而成了一种纯然的怪念头吗？那种要把人身上所有自然禀赋都发展出来的教育理念，当然是真实的。

[9:445]

---

[1] 原文为 Kultur，主要指知识和技能的培养。——译者注

就当前的教育来说，人还没有完全达到自己存在的目的。毕竟人们的生活是多么不同啊！只有当他们按照同样的原理行动，并且这些原理必须成为他们的另一种本性时，他们之间才能步调一致。我们可以制订一种更合乎目的的教育计划，并把对这种教育的指示传给能够逐步地实现它的后代。以报春花为例，我们看到，如果人们从根部移栽它们，所得到的所有的花都只有同一种颜色；与此相反，如果人们播种它们的种子，所得到的花就具有各种各样完全不同的颜色。因此，自然已经把胚芽置于它们里面，而要使这些胚芽从中发展出来，则仅仅取决于恰当的播种和移植。对于人来说也是这样！

在人性中有许多胚芽，而现在我们要做的事情，是让自然禀赋均衡地发展出来，让人性从其胚芽中展开，使人达到其规定。动物是自动地实现这种规定的，对此并无自觉。人则必须首先去追求达到它，但如果他对自己的规定连一点概念都没有，这就不可能发生。也完全不可能在个体身上达到这种规定。如果我们假设现实中的第一对夫妇是经过培养的，那么我们还是想看一看，他们是如何教育自己的子弟的。这第一对父母已经能给孩子们提供榜样了，孩子们模仿他们，于是一些自然禀赋就发展起来了。并不是所有的人都能以这种方式得到培养，因为在大多数情况下孩子们只是偶尔能看到榜样。过去，对于人类本性所能够达到的完善性，人们通常根本没有一个概念。就连我们自己也还没有弄清楚这个概念。但有一点是肯定的，即没有单个的人能够在对自己的子弟们的全部教化中使他们达到自己的规定。应当做成这件事的不是单个的人，而是人类（Menschengattung）。[1]

教育是一门艺术，其实施必须经过许多世代才能变得完善。由于配备了前一世代的知识，每一世代都能越来越多地完成一种均衡且合目的地发展人的一切自然禀赋，并由此把整个人类引向其使命的教育。——天意希望人自己从自身中发扬出善来，于是就对人说："到世上去吧，"——造物主就能够这样对人说！——"我已经为你配备了向善的一切禀赋。就靠你去发展它们了，所以你能否幸福就取决于你自己。"

人应当首先发展其向善的禀赋；天意并未把它们现成地放到人身上；那是些纯然的禀赋，并无道德上的区别。完善自己，教养自己，并且，如果自己是恶的，就要在自己身上发展出道德来，这就是人应当做的。但是，人们如果对此深思熟虑，就会发现这将是非常困难的。因此，教育就是能够托付给人的最重大和最困难的问题。因为洞见（Einsicht）取决于教育，而教育又取决于洞见。因此，教育只能循序渐进，只有通过一代人把自己的经验和知识传给下一代人，又由下一代人附加上某种东西再这样传给其下一代，才能产生出一个关于教育方式的正确概念。那么，何种伟大的教养和经验不是这一概念所预设的呢？据此，它也只能是很晚才产生的，而且我们自己也还没有彻底弄清楚它。个体的教育是否应当模仿那

[9:446]

---

[1] 单个的人永远不会完全摆脱其软弱性，甚至不会完全摆脱自己的缺点，但对他来说，特别是对人类来说，不断地得到改善毕竟总是可能的。甚至通常有关人类被认为日益在败坏的抱怨，本身就是人类在善中进步的证明，因为这种抱怨只能是在法律和道德上更加严格的原理的结果。——林克注

种通过其各个世代进行的普遍人性的培养呢？

人的两种发明可以被视为最困难的，亦即统治艺术的发明和教育艺术的发明，人们甚至对它们的理念还有争论。

[9:447] 那么，我们应该从哪儿开始发展人的禀赋呢？我们应当从赤条条的状态开始，还是应当从一种已经过培养的状态开始？设想由粗疏状态发展出来是困难的（因此设想"第一个人"的概念也同样困难），而且我们看到，在从这样一种状态发展出来的同时，人们却总是又跌回到粗疏状态，然后再重新从那种状态上升。即便是在很文明的民族[1]那里，在他们记述下来留给我们的最早信息中，我们也都发现大量与粗疏的关联。——而书写不是已经需要很多文化吗？因此人们可以从文明人的角度考虑，把书写艺术的开端称为世界的开端。

由于自然禀赋的发展在人这里并不是自动发生的，所以一切教育都是一门艺术。——大自然并没有在这方面赋予人任何本能。——这门艺术的起源及其进展，都要么是**机械性的**，即无计划地、按照给定的境况加以安排的，要么是**评判性的**（judiciös）。在机械性的方面，教育艺术仅仅在出现使我们体验到某物对人将会有害或者有用的偶然机会时才会产生。任何仅仅是机械性地产生的教育艺术，都必定带有非常多的错误和缺陷，因为它们没有以任何计划为根据。因此，如果教育艺术或者教育学要这样发展人类本性，以便使之达到其规定，就必须成为评判性的。受过教育的父母

---

[1] Sehr gesittete Völker，也可译为"很开化的民族"。——译者注

是孩子们据以教化自己的榜样。但如果孩子们应当变得[比父母]更好，教育学就必须成为一门学问（Studium），否则就不能对它抱有任何期望，况且，一个在教育上败坏的人还会去教育别的人。教育艺术中的机械论（Mechanimus）必须转变为科学，否则它就永远不会成为一种连贯的努力，而一代人就有可能毁掉另一代人已经取得的成果。

那些制订教育计划的人士尤其应该牢记的教育艺术的一个原则就是：孩子们接受教育，应当不仅适合人类的当前状态，而且适合人类将来可能的更佳状态，亦即适合人性的理念及其完整规定。这个原则极其重要。父母教育自己的孩子，通常只是让他们能适应当前的世界，即便它是个堕落的世界。但他们应当把孩子教育得更好，以便由此产生一个未来的更好的状态。但在这里有两个障碍：

（1）父母通常操心的只是自己的孩子在世界上能否一帆风顺；[9:448]
（2）王公贵族们只把他们的臣民视为实现自己各种意图的工具。

父母们操心的是家庭，王公贵族们操心的是国家。二者都不以世界的福祉（das Weltbeste）和人类被规定要达到的且他们也具备相应禀赋的那种完善性为终极目的。但对一种教育计划的设计[1]必须是世界主义的。那么，世界的福祉就是一种有可能在我们的私人福祉上有害于我们的理念吗？绝对不是！因为虽然乍看起来人们由于这个理念而必须做出某些牺牲，但毕竟人们通过它也总在丝毫不少地促进着自己的当前状态之福祉。然后伴随它而来的将是何等

---

[1] 这里的"设计"与前面的"禀赋"均为"Anlage"一词。——译者注

美妙的结果啊！好的教育正是这种世界上一切的善都从中产生出来的东西。位于人身上的胚芽必然只会得到越来越充分的发展。因为人们在人的自然禀赋中没有找到恶的根据。恶的原因仅仅在于：本性没有被置于规则之下。在人里面只有向善的胚芽。[1]

但是，世界的更好状态从何而来呢？是来自王公贵族们，还是来自臣民们？是不是由臣民们先改善自己，并在其向善的途中碰上一个好的政府？如果这种状态应当由王公贵族们来建立，则君主们的教育就必须首先得到改善，而这种教育长期以来还一直有这样一个重大的错误，即人们在君主们年幼时不阻挡他们。然而，一棵孤零零地长在旷野的树，会长得歪歪扭扭并且枝蔓旁生；相反，一棵长在树林中间的树，却由于它旁边的树都阻挡着它，反而长得笔挺，以获得自己上方的空气和阳光。对于王公贵族们来说也是如此。他们受某个出身于臣民阶层的人教育，反倒还总是比受其同类教育更好；因此，只有在君主们受到更优良的教育时，我们才可以指望善来自上面！所以，这里的关键主要在于私人的努力，而不像巴泽道[2]和其他人认为的那样，在于王公贵族们的赞助；因为经验表明，王公贵族们首要的意图并不是世界的福祉，而只是其邦国的繁荣，借此达到他们自己的目的。但如果他们为教

---

[1] 参看下面，以及康德："论恶的原则和善的原则的共居，或论人的理性中的根本恶"，参看他的《纯然理性界限内的宗教》第3页以下。——林克注 [译者按：所引有误，应为"（……）或论人性中的根本恶"，且不是"第3页以下"，而是"第19页以下"。]

[2] 巴泽道（Johann Bernhard Basedow, 1723—1790），德国教育家，在贵族赞助下，曾于1774年在德绍建立博爱学校（Philanthropium），试图结合卢梭的自然教育和路易-勒内（Louis-René de la Chalotals, 1701—1785）的国民教育理念进行教育改革实验，最后以失败告终。——译者注

育提供资金，那也就必须仍然听任他们来为此勾画蓝图了。在关乎人类精神的培养及人类知识的扩展的一切方面都是如此。权力和金钱并不成就事情，至多是使其变得容易。但是，如果国家经济不是仅仅优先为国库增加税收，它们还是能够成就事情的。就连学术机构至今也未做过这件事，它们还会来做这件事的希望没有比现在更渺茫的了。

据此，学校的设置也应当仅仅取决于最开明的[1]专家的判断。一切教养都是从私人开始，然后由此传播开来。只有通过那些具有更广泛爱好的人士——这些人士关心世界的福祉，而且能够把握那种有关一个未来的更好状态的理念——的努力，人类的本性才有可能逐渐接近其目的。毕竟还有些上流人物，时常似乎只将其民众视为自然界的一部分，因而也只把注意力放在他们的繁衍问题上。所以顶多还要求有技能，但也只是为了能够把臣民更好地当作工具来服务于自己的种种意图。私人当然也必须首先关注自然目的，但此后也必须特别关注人性的发展，关注如何使自己不仅有技能，而且有德性，而最困难的是，他们要努力使其后代比他们走得更远。

因此，就教育而言：（1）人必须受到**规训**。规训就是尽力防止动物性给人性带来损害，无论是在单个的人身上，还是在社会性的人身上。因此，规训纯然是对野性的驯服。

（2）人必须得到**教养**。教养包括教训和教导。它造就技能。技

---

[1] aufgeklärtest，指心智最为启蒙了的。——译者注

能就是拥有一种足以实现诸种任意目的的能力。因此，它根本不规定任何目的，而是把这件事留待各种具体情况。

[9:450] 　　有些技能在一切场合都是好的，比如读和写；另一些技能只是为了某些目的，比如音乐为的是让我们招人喜爱。由于目的是多种多样的，所以技能几乎是无限多的。

　　（3）人们还必须关注的是，人也要变得**明智**起来，能适应人类社会，他就会受人欢迎并且有影响力。这就需要某种特定方式的、人们称之为**文明化**（Zivilisierung）的教养。为此就要求礼貌、端庄和某种程度的明智，凭借这种明智能够让所有的人都服务于自己的最终目的。这种文明化取决于每一个时代的可改变的趣味。几十年前，人们在交际中还喜欢讲究繁文缛节。

　　（4）人们必须关注**道德陶养**（Moralisierung）。人应当不仅具有达到各种各样目的的技能，而且要有这样的意向，即只选择真正好的目的。好的目的就是那些必然为每个人所认同的目的，那些同时也能成为每一个人的目的的目的。

　　人要么是仅仅被驯服、被调教、被机械地教导，要么真正地被启蒙。人们驯服了狗和马，也能驯服人（dressieren [驯服] 这个词来自英文 to dress [给……穿衣服]。由此而来的词还有 Dreβkammer [更衣室]，即布道者更衣的地方，而不是 Trostkammer [安慰室]）。

　　但是，靠驯服尚不足以成事，而问题的关键首先在于让孩子们学会**思考**。思考指向的是一切行动由之产生的原则。人们由此看到，对一种真正的教育来说，有很多事情要做。然而，在私人教育中，第四项，即最重要的一项，通常还很少得到实施，因为人们在教育孩子时基本上把道德陶养留给了布道者。但要教育孩子们从小就讨厌恶行，其根据不仅仅是恰好上帝禁止它，而是因为它自身就是值得厌恶的，这一点具有怎样的重要性啊！[1] 若非如此，他们就很容易想到自己本来是有可能作恶的，此外只要上帝没有禁止，恶行也是完全可被允许的，因而上帝很有可能会把某一次当作例外。上帝是最神圣的存在者，而且只追求那本身是好的东西，他要求我们应当因为德行的内在价值而履行之，而不是因为上帝的要求才这样做。

[9:451]

我们生活在规训、教养和文明化的时代，但还远远不是**道德陶养**的时代。就人类目前的状况而言，可以说国家的幸运与人们的困苦在同时增长。还有个问题：我们在赤条条的状态中，在我们还没有所有这些文化教养时，是否会比我们现在的状态更为不幸？因为在没有使人们变得有道德和有智慧的时候，怎么能使他们幸福呢？在那种情况下，恶在量上并未消减。

在能够建立标准学校之前，人们必须先建立实验学校。教育和教导绝不能是纯然机械性的，而必须是基于原则的。然而它也不能只是口头论证的，同时要以某种方式形成体制[2]。在奥地利，曾经在大多数情况下只有标准学校，这种学校按照一个计划建立起来，这

---

[1] 参看后面。
[2] 原文为 Mechanismus sein，可直译为"是机械设置"。——译者注

个计划曾遭到许多有理有据的反对，人们尤其可以指责它是盲目的机械教育。因为当时其他所有的学校都必须以这些标准学校为榜样，而且人们甚至拒绝提拔那些不曾在这些学校学习的人。这样一些规范表明，政府多么努力地在做这件事，虽然在这样一种强制下是不可能生长出什么善的果子的。

人们总体上认为，实验在教育上是没有必要的，人们凭理性就已经能够判断某种东西将会是好的还是不好的。但是，人们在这一点上完全错了，而经验亦表明，我们的尝试经常会显示出与人们所期待的正好相反的结果。人们由此看到，既然事情取决于实验，则没有哪一代人能够制订出一个完满的教育计划。现在唯一在某种程度上首开先河、开辟道路的实验学校就是德绍学院（das Dessauische Institut）[1]。人们必须让它享有这种荣誉，哪怕还有许多让人们能够指摘的缺点；人们从尝试中所得出的一切结论都会有缺点，这就是说，总是还需要对此做新的尝试。它曾以某种方式成为唯一的一所让教师们自由地按照自己的方法和计划来工作的学校，在那里教师们无论是彼此之间还是与德国的所有学者之间都建立了联系。

[9:452]　　教育包括**照料**和**教化**。教化就是：（1）**否定性的**，即规训，它

---

[1]　见前面 [9:448] 关于"巴泽道"的译者注。——译者注

是单纯防止错误的；（2）**肯定性的**，即教导和引导，就此而言它属于教养。**引导**就是在将所学的东西付诸实施时进行指导。由此产生出仅仅作为一个老师的**传授者**和作为一个领路人的**家庭教师**之间的区别。前者从事的仅仅是学校教育，后者则是人生教育。

对于子弟来说，第一个阶段必须表现出恭顺和一种被动的服从；第二个阶段人们已经让其对思考能力和自己的自由做某种运用，当然是在法则之下的运用。在第一阶段是一种机械性的强制，在第二阶段则是一种道德性的强制。

教育要么是一种**私人**教育，要么是一种**公共**教育。后者仅仅涉及传授，而这种传授可以始终是公共的。规范的实施则被托付给了前者。一种完备的公共教育是把教导和道德教化这二者结合起来的教育。它的目的是对一种良好的私人教育加以提升。一所能完成这件事情的学校，人们称之为教育机构。这样的机构可能不多，在其中就学的子弟也可能不多，因为费用昂贵，并且单是建立它们就已经耗资甚巨。它们的情况，如同济贫所和医院一样。为此所需要的建筑物，负责人、监管者和佣工的薪酬就已经消耗掉为此提供的经费的一半；毫无疑问，如果把这些钱送到穷人家里，他们的伙食会得到更多的改善。因此，除了富人家的孩子，其他孩子很难进入这样的机构学习。[1]

这类公共机构的目的是对家庭教育加以完善。只有当父母们，

---

[1] 在康德生活的时代，欧洲各国尚未建立起完备的公立基础教育体系，更别说义务教育体系了。对于仍处于分裂的德意志诸邦国来说，更是如此。所以，在公共教育机构就学，对于平民子弟来说，是件奢侈的事情。——译者注

或者在教育上协助他们的其他人，都受过良好的教育时，才有可能免去公共机构的花费。在这些机构里面应当进行尝试，并使这些学生得到教化，这样一来就会从中产生一种良好的家庭教育。

[9:453] 私人教育要么是由父母们自己操办，要么由于父母们有时没有时间、能力，或者也许根本没有兴趣做这个，而由其他雇来的辅助者来操办。但对于这种由辅助者实施的教育来说，有一种极难处理的情况，即权威是在父母和这些家庭教师之间分享的。孩子要按照家庭教师的规范行事，然后又要遵从父母的突发奇想。对于这样一种教育来说，父母们有必要将其全部权威转交给家庭教师。

但是，私人教育在多大程度上会优于公共教育，或者，后者在多大程度上会优于前者呢？一般来说，不仅在一个公民的技能方面，甚至在涉及一个公民的品格时，公共教育都显得比家庭教育更有优势。后者不仅常常导致家族性的缺陷，而且使其流传下去。

那么，教育究竟应当持续多长时间呢？直到自然本身规定人能够自己引领自己的时候；这时性本能在他身上发展起来；这时他自己能够做父亲了，应该会教育自己了：大约到16岁。在这个时期以后，人们也许还可以使用教养的辅助手段，并实行一种隐蔽的规训，但不再是正规的教育了。

子弟的恭顺要么是**肯定性的**，即他必须做预先给他指定的事情，因为他不能自己做判断，单纯的模仿能力还在他身上延续；要么是**否定性的**，即如果他想要别人做某种他所喜欢的事情，他就必须也做别人所愿意的事情。就前者来说，产生的是惩罚，就后者来说，则是人们不做他所愿意的事情；他在此尽管已经能够思维，却仍在自己的快乐中无法超脱。

教育最重大的问题之一就是：人们怎样才能把服从于法则的强制与运用自由的能力结合起来？因为强制是必需的！我怎么才能凭借强制教养出自由来呢？我应当让我的子弟习惯于忍受对其自由的某种强制，并且应当同时引导他去善用自己的自由。否则，一切都是单纯的机械作用，离开了教育的人是不懂得运用自己的自由的。他必须尽早感受到社会的不可避免的阻力，以便见识为了独立而自食其力、经受匮乏和拼搏的艰辛。

这里必须注意以下几点：（1）从孩子一进入童年开始，就在各方面都让他自由（只在他会伤害自己的事情上例外，比如他要抓一把无鞘的刀）；只要他在这样做时没有妨碍到别人的自由，比如他喊叫或者大声嬉闹而搅扰了别人。（2）必须向孩子指明，只有当他让别人也达到自己的目的，他由此才能达到他自己的目的，比如，如果他不做人们想要他学会做的事情，人们就不会使他快乐，等等。（3）必须向他表明，对他采取某种强制措施，是为了引导他运用自己的自由，而对他进行教养，是为了他将来能够自由，也就是说，可以不再依赖别人的庇护。这第三点是最晚实施的。因为对于孩子们来说，直到很晚才能观察到，例如，一个人今后必须为自己的生计操心。他们以为永远会像在父母家中那样，他们总能得到吃的喝的，自己无须为此操心。如果没有被这样对待过，孩子们，特

[9:454]

别是富家子弟和王子王孙,就会像奥塔希提岛[1]的居民那样,终其一生都是孩子。在这方面公共教育有其极明显的优势,因为人们借此学会权衡自己的力量,学会通过别人的权利来限制自己。这里没有任何人享有特权,因为人们到处都感受到阻力,人们只有通过成绩而出类拔萃,才使自己受人关注。公共教育提供了未来公民的最好榜样。

但这里还必须考虑其中存在的一个困难,即预先进行性教育,以便在进入成年之前就防止恶习。下面还要对这一点做进一步讨论。

---

[1] "奥塔希提岛"的原文为"Otaheite",是"塔希提岛(Tahiti)"的旧称,该岛是法属波利尼西亚群岛中最大的岛,位于太平洋东南部。——译者注

正 文[1]

[9:455]

教育学，或者教育的学说，要么是**自然的**（physisch），要么是**实践的**（praktisch）。**自然的**教育是人与动物共有的教育，或者就是抚养。**实践的**教育或者**道德的**教育是人受到教化的教育，为的是他能够像一个自由行动的存在者那样生活。（人们把一切与自由相关联的东西都称为**实践的**。）它是导向人格性的教育，是一个自由行动的存在者的教育，这个存在者能够自立，成为社会中的一员，但自身又具有一种内在的价值。

据此，构成它的是：（1）在技能方面的**学院式的—机械的**教化，因此是**说教性**的（传授者的）教化；（2）在明智方面的**实用性的**（家庭教师的）教化；（3）在德性（Sittlichkeit）方面的**道德的**教化。

人需要**学院式的**教化或者教导，以便有技能达成自己的所有目的。它给人提供其自身作为个体的一种价值。但通过达到**明智的**教化，他被培养成公民，这样他就获得了一种公共的价值。在此他既学会了使公民社会遵循自己的意图，也学会了适应公民社会。最

---

[1] 这个标题以及后面的"论自然的教育"等标题，应该都是编者林克添加的。——译者注

后，通过**道德**教化，他获得了一种对于整个人类的价值。

学院式的教化是最早的和最初的。因为所有的明智都以技能为前提条件。明智就是使一个人恰当地拥有其技能的能力。道德教化就其基于人应当自己觉悟到的那些原理之上而言，是最迟的；但就它仅仅基于普通的人类知性（Menschenverstande）而言，它必须一开始就与自然的教育一起立即受到关注，因为若非如此，错误就容易扎下根来，令此后的一切教育艺术都劳而无功。在技能和明智方面，一切都必须按照年龄来进行。这就是孩童式的机灵，孩童式的聪明和乖巧（gutartig），而不是成年人的那种狡猾，后者之不合适，正像一种幼稚的思维方式对于成人一样。

[9:456]

论自然的教育

尽管作为家庭教师而承担教育任务的人并不那么早就接手照看孩子，以至于也能够为他们的自然教育操心，但了解在教育中自始至终都必须注意的所有东西，毕竟是有益的。即使作为家庭教师只与较大的孩子打交道，然而很可能发生的事情是，家里有新的孩子出生，而如果家庭教师表现良好，就总是有资格成为父母信赖的人，于是在自然教育方面也会得到父母的咨询，因为他往往是家里唯一有学问的人。因此，对一个家庭教师来说，这方面的知识也是必要的。

自然的教育本来只是由父母，或者保姆，或者护理人员进行抚养。大自然给孩子们规定的营养就是母乳。认为孩子连同母乳吸取了母亲的思维意向的看法——如常听人说的那样："你吃奶的时候就吸收这些东西了！"——是一种纯然的成见。[1] 母亲亲自哺乳，这对于母亲和孩子来说都是最有益的。不过，在生病这种极端情况下却是例外。以前人们曾相信，母亲分娩后像乳清一样的初乳对孩子有害，在能够给孩子喂奶之前，母亲必须把它挤掉。但是，**卢梭**首先使医生们注意到，这种初乳是否也会对孩子有益，因为大自然毕竟不会做无用之事。[2] 而且人们的确发现，这种初乳能够最有效地清除新生儿的那种被医生们称之为 Miconium 的胎粪，因此对孩子们极为有益。

人们提出这样一个问题：是否也能够用动物的奶喂养孩子？人乳与动物的奶是极为不同的。所有食草的、以植物为生的动物的奶，如果加入某种酸，例如酒石酸、柠檬酸，特别是小牛胃里那种人们称为**凝乳酶**的酸，就会很快凝结。但人乳并不会凝结。不过，如果母亲或者乳母有一段时间只吃蔬菜类食物，则她们的乳汁就像牛奶［在加入酸时］一样凝结；但只要她们重新吃肉一段时间，乳汁就又会恢复如初。人们由此推定，母亲或者乳母在哺乳期间最好吃肉，而这对孩子最为有益。因为当孩子吐奶时，人们就看到

[9:457]

---

[1] 特殊的恶习与特殊的疾病一样，也许很少会遗传给孩子，尽管在这方面各种意见还很有分歧；但是，生殖和最初哺乳的过程无论对前者还是对后者都是更容易接受的，这毕竟看起来并不包含任何与理性相矛盾的东西。——林克注

[2] 卢梭在《爱弥儿，或论教育》中写道："我不知道对乳母的年龄以及乳汁的质量是不是要加以更多的注意。新乳汁是十分稀薄的，它差不多是一种轻泻剂，用来清洗残剩在新生的婴儿肠子中浓厚的胎便。以后奶汁就慢慢地浓厚起来，把一种比较凝固的营养品给予婴儿，这时候，他已经长得强壮，可以消化这种东西了。可见，在各种雌性动物中，大自然之所以按吃奶的小动物的年龄而改变乳汁的浓度，并不是没有原因的。"参看：卢梭. 爱弥儿，或论教育：上卷[M]. 李平沤，译. 北京：商务印书馆，2002：39。——译者注

[他吐出来的] 乳汁凝结了。因此，孩子胃中的酸必然比其他的酸更能促使乳汁凝结，否则人乳绝不可能凝结。所以，如果给孩子喂已经自行凝结的奶，情况会更加糟糕！但是，问题并不仅仅在此，人们可以在其他民族那里看出这一点。例如，住在森林中的通古斯人几乎只吃肉，是强壮和健康的民族。但所有这样的民族都并不长寿，而且人们稍稍用力就能举起一个高大的、已长大的青年，他看上去体重应该不轻。与此相反，瑞典人，尤其是印度诸民族，几乎完全不吃肉，但那里的人们却也得到了很好的抚育。因此，事情看来只在于乳母的营养，最适合她的食物就是最好的食物。

这里的问题是，在哺乳结束后，人们怎样喂养孩子。一段时间以来，人们尝试使用各种各样的面粉糊。但一开始就用这样的食物喂养孩子并不好。尤其需要注意，不要喂孩子任何刺激性的东西，如葡萄酒、调料和盐，等等。很奇怪的是，孩子们对所有这类东西有一种强烈的欲求！原因在于，这类东西对他们仍然迟钝的感觉来说会造成一种刺激和振奋，使他们感到愉快。俄罗斯的孩子们当然也从他们善饮烈酒的母亲那里得到了这类东西，而且人们注意到，俄罗斯人都是健康的、强壮的。当然，能经受住这一点的人，必须要有好的体质；但也有许多本来能够存活下来的人因此而死去。因为这样一种对神经的过早刺激会产生许多紊乱。[1] 甚至必须小心不要让孩子接触太烫的食物和饮料，因为这些东西也会造成孩子体弱。

[9:458]

---

[1] 施勒策尔先生已经很缜密地阐述了俄罗斯人由于过度饮用烈酒而面临了什么样的可怕后果。——林克注

此外要注意，切勿让孩子穿得太暖，因为孩子的血液温度本来就已经比成人的高得多。孩子们的血液温度高达华氏110度，而成人的血液只达到华氏96度。[1] 大人感到适宜的温度，却会使孩子窒息。一般来说，习惯于凉爽的温度使人强壮。穿得、盖得过暖，习惯于过热的饮料，即便对成人来说也不好。因此，孩子也该睡一张凉而硬的床。冷水浴也是好事。[2] 不要为了激发孩子的食欲而使用刺激性的调料，毋宁说，食欲必须始终只是活动和忙碌的结果。此外，不要让孩子习惯于某种东西，以至于成为其必需品。即便是好的东西，也绝不要人为地使之成为他的习惯。

襁褓从来没有出现在处在粗疏状态的民族那里。例如，美洲的野蛮民族在地上为自己的婴孩挖坑，在坑里撒上腐烂树木的粉末，这样孩子的尿和脏东西会被吸收，因而孩子躺在那里可以保持干燥，他们还给孩子盖上树叶；而除此之外，他们就让孩子自由地运用自己的肢体。只是为了我们自己方便，我们把孩子包裹得像木乃伊，以使我们可以不用担心孩子长扭曲，尽管如此，往往却正因为襁褓而使孩子扭曲生长。这甚至还使孩子们感到害怕，他们会陷入某种绝望，因为他们根本不能运用自己的肢体。此时，人们还以为单凭大声喝止就能够平息孩子的哭喊。但是，且把一个大人包裹起来，看一看他是否也会哭喊，并陷入恐惧和绝望。

---

[1] 换算成摄氏温度，华氏110度和华氏96度分别是43.3℃和35.5℃。这显然是错误的。按照现在的医学知识，这两个温度应该分别是37.2℃和37℃。但就婴儿的血液温度高于成人这一点来说，康德是对的。——译者注

[2] 这里所说的东西取决于条件，必须有保留地理解和运用，这一点可以从最专业的医生们最近对此所做的评论得到解释。——林克注

[9:459]　　一般来说，人们必须注意：教育的最初阶段必须只是否定性的，也就是说，人们一定不要在自然的预先准备之上还添加什么新东西，而只要不妨碍自然就行了。如果在教育中允许人为（Kunst），则它仅仅是在锻炼方面的人为措施罢了。——因此，必须放弃襁褓。如果人们仍然想保持一些小心谨慎，则一种上面系有皮带的盒子在此是最合乎目的的。意大利人使用这种盒子，并把它称为 Arcuccio [拱架]。孩子一直待在这个盒子里，甚至被放在里面哺乳。这样做甚至可以防止母亲夜间在哺乳时睡着了把孩子压死。[1] 而在我们这里，许多孩子都因这种情况而丧生。因此，这种预防措施要比襁褓好，因为孩子们在这里面毕竟会有更多的自由，而且防止了孩子扭曲生长；与此相反，孩子们常常因为襁褓而长歪了。

　　初期教育的另一个习惯是**摇晃**。其最简易的方式就是一些农民所做的那样。也就是说，他们用绳子把摇篮挂在房梁上，因此只需推它一下，摇篮就自己从一边晃到另一边。但摇晃一般来说不合适。因为来回摇晃是对孩子有害的。人们甚至在成人身上也发现，摇晃是一种使人呕吐并产生眩晕的运动。人们想借此来使孩子昏睡而不哭喊。但哭喊对孩子却是有益的。他们刚从无空气可吸的母体中出来，就呼吸到了第一口空气。由此所改变的血流通道在他们体内产生一种疼痛的感觉。通过哭喊，孩子就使内部器官和体内的血流通道得到更多的舒展。孩子一哭喊，人们往往就像乳母所习惯

---

[1] 如果我没有记错，人们可以在福斯特的《健康问答手册》的较老版本中找到这种拱架的图片，据说家家都有这本书，特别是最后一版出来之后。——林克注

的那样马上过来帮忙，给他唱歌什么的，这是很有害的。这通常是孩子变坏的开始，因为如果他发现自己一喊叫就能得到一切，那么他就会更频繁地重复哭喊。

人们说平民的孩子比上流社会的孩子更容易被惯坏，这是很有道理的。因为平民在与自己的孩子玩耍时，就像是猿猴一样。他 [9:460] 们给孩子唱歌，拥抱、亲吻他们，与他们一起跳舞。他们认为，孩子一哭喊就跑过去陪他玩等，就是对孩子好。但孩子却哭喊得更为频繁。如果人们与此相反，不理会孩子的哭喊，那么他们最终就会停止哭喊。因为没有哪种被造物会乐意做无用功。但人们若是让孩子们养成习惯，总渴望自己的一切欲望都能得到满足，则事后再要控制他的意志就太晚了。如果任其哭喊，他们自己也会感到厌倦。但如果在他们幼年时满足其一切欲望，则会由此败坏他们的心性和规矩（Sitten）。

当然，孩子还完全没有规矩的概念，但这样一来，孩子的自然禀赋却会被败坏到某种程度，以至于事后要把败坏的东西变好，就必须运用非常严厉的惩罚。当人们后来想让孩子戒除总要人呼之即来的习惯时，他们就会在哭喊中表达出一种唯有成人才具有的极度愤怒，只不过没有力量把它付诸行动罢了。长久以来，他们只需要呼唤，一切都随之而来，因此他们完全专横地实行统治。现在这种统治终止了，他们自然会非常恼怒。因为即便是成年人在掌握权力一段时间后，也会在突然失去权力时感到难以适应。

孩子们在最初的时间里，大约在最初的三个月中，不能真正地看东西。他们虽然能感觉到光，但却不能把对象彼此区别开来。人

[9:461] 们可以这样证明这一点：当把某种闪光的东西放在他们面前时，他们的眼睛并不跟随它。¹ 与视觉一起出现的是笑和哭的能力。当孩子处于这种状态时，他的哭喊就带有反射性（Reflexion）了，尽管这种反射性还和他想要的东西同样模糊。这在后来总是意味着有什么东西给他造成了痛苦。**卢梭**说：当人们打一个只有约6个月大的孩子的手时，他就会像手被烧到一样哭喊起来。² 他实际上已经把这与某种侮辱的概念结合起来了。³ 父母们通常对控制孩子们的意志谈论很多。如果没有事先败坏其意志，就不需要控制其意志。但当人们顺从孩子们专横意志的时候，这就是最初的败坏，因为他们通过自己的哭喊就能够强要到一切。以后再让其改好就极为困难了，而且几乎从来都不会成功。⁴ 人们也许能够做到让孩子安静下来，但他强忍着心中的怒火，并心怀更多的怒火。人们

---

1 就孩子来说，听觉似乎比视觉的作用更大，而且可以说更积极。甚至对感官的最佳运用也以某种教养为前提，因此就很可能有这样的情况，即许多成年人，虽有眼而看不见，虽有耳而听不到，如此等等。原因大概仅仅在于缺乏注意力，而教养越不足，这种缺乏就越严重。随着注意力最初被唤醒，才为教养奠定了基础，但教养此后却又成为注意力的条件。这本来是一个值得进一步阐述的主题，只是在这里却无法进行。——林克注

2 参看：卢梭. 爱弥儿，或论教育：上卷 [M]. 李平沤，译. 北京：商务印书馆，2002：54–55。卢梭这样写道："在那些讨厌的哭哭啼啼的孩子当中，我曾经看见一个就是这样挨保姆打的，这件事情，我永远也不会忘记。他马上闭嘴不哭，我以为他是被吓到了。……隔了一会儿，他大声地哭起来，像这样年纪的孩子，他所有的怨恨、愤怒和失望，在那高昂的哭声中都表露出来了。……我相信，假使有一块火辣辣的炭偶尔掉在这孩子的手上，也许他觉得，还没有像轻轻地、然而是存心侮辱地打他一下那样痛咧。"在重视幼儿哭喊及其意义这方面，康德沿袭了卢梭的观点。——译者注

3 注意：从前一注解的引文可知，按卢梭的意思，这里的伤害概念并非肉体意义上的，而是自尊心意义上的，即一种存心侮辱。——译者注

4 参看：霍斯蒂格，《应当允许孩子哭喊吗？》，哥达，1798年。——康德原注

由此而使孩子习惯于伪装和在内心郁郁不平。例如，父母在用荆条打过孩子之后，还要求他们吻自己的手，这就是很奇怪的。人们这样会使孩子们习惯于伪装和做假。因为荆条可不是一件还可以让人致谢的美好礼物，而且人们能够容易地想到，孩子在吻手时是什么心情。

为教孩子走路，人们通常习惯于使用**襻带**和**学步车**。但要教孩子走路，这其实是很怪异的，就好像一个人缺乏教导无论如何都不会走路似的。襻带特别有害。一位作家曾经抱怨过那种他只能归咎于襻带的胸部狭窄症。因为当孩子什么都抓、什么都从地上捡时，他的胸部就被勒紧在襻带里。而由于这胸部还是柔软的，于是就被挤压成扁平的，而且此后也就保持着这种形状了。孩子们用这类辅助工具学走路也并不像他们自己学走路那样安全。最好是让他们就在地上爬来爬去，直到他们逐渐地自己开始走路。[1] 为了谨慎，人们可以在房间里铺上羊毛地毯，以免他们扎到了碎碴子或摔得太狠。

人们通常说，孩子们摔得很重。但孩子们不仅从来不可能摔得很重，而且摔倒也不会对他们造成伤害。他们只是在学习更好地掌握平衡，并学会在摔倒时别伤着自己。人们通常给他们戴上向前突出很远的所谓的护帽，以使孩子摔倒时不会伤着脸。但在孩子拥有自然器械的地方使用人为的器械，这同样是一种消极的教育。在这里，自然的工具就是手，孩子在摔倒时就会伸手撑住。使用人为的

[9:462]

---

[1] 参看：卢梭. 爱弥儿，或论教育：上卷[M]. 李平沤，译. 北京：商务印书馆，2002：71。
　　——译者注

工具越多，人就越依赖器械。

一般来说，在开始时越少使用器械，让孩子们越多自己学习就越好，这样一来他们学会一些东西就更为彻底。例如，孩子自己学会书写就是很有可能的。因为毕竟是某个人曾发明了书写，而且这不是一个多么了不起的发明。例如，人们可以在孩子想吃面包时只对他说一句：你能把面包画出来吗？孩子就会画出一个椭圆的图形。然后人们只要对他说，现在还是不知道这表现的究竟是面包还是一块石头，那么他接着就会尝试做个记号B，如此等等，而这样，孩子就会逐渐地发明他自己的字母ABC，以后他只要把这些字母用其他符号替换就可以了。[1]

一些孩子来到世上就有某些残疾。人们有没有办法再矫正这些畸变的、仿佛是制作坏了的形体呢？通过许多知识丰富的专家的努力，已确认束胸在这里于事无补，而只是把疾患弄得更糟，因为它们阻碍血液和体液的循环以及身体内外各部分的极为必要的伸展。如果让孩子自由，则他还会锻炼自己的肌体，而一个穿过束胸的人，一旦脱下它，就比一个从未穿过的人更虚弱。对于那些身体长得歪斜的人，也许可以给肌肉更强壮的一侧施加更大的力量来帮助他。但这也是很危险的，因为哪个人能够解决平衡问题呢？最好是让孩子自己练习，并选定一种姿势，哪怕这种姿势对他来说

---

[1] 人们太容易错误地理解大人物说的话，而且经常是故意的。康德尤其遇到这种情况。因此，我在这里只是说明，他在此绝不是希望人们让每一个孩子都发明他自己的字母，而是由此仅仅暗示，在阅读和书写上孩子是怎样行事的，确切地说是分析地行事的，这是他们甚至在成年后自己都没意识到或不会意识到的。此外我期望，这里不需要想到裴斯泰洛齐和奥利菲尔。——林克注

是辛苦的，因为在这里一切机械都无济于事。

所有这类人为的措施之所以更为有害，是因为它们都与大自然在一个有机的理性存在者身上的目的正好背道而驰，按照这个目的，这个存在者必须保持学会运用自身之力的自由。在教育上人们应当只是防止孩子变得柔弱。而磨炼是柔弱的反面。如果想让孩子习惯于所有的事情，就要冒太大的风险。俄罗斯人的教育在这一点上走得极远。但因此而夭亡的孩子也多得难以置信。积习是经常重复同样的享受或同样的行动而使之成为必需的享受或者行动的结果。没有什么比刺激性的事物更容易让孩子们养成积习，因此必须尽可能少给他们的了，例如烟草、烈酒和热饮料。有了积习后再戒除它很难，而且一开始会带来痛苦，因为通过频繁的享受，我们身体的功能发生了某种变化。

但是，一个人拥有的积习越多，他就越不自由，越不独立。对人来说和对所有其他动物来说一样：幼时一旦形成习惯，后来在他身上就会保持某种倾向。因此，人们必须阻止孩子对什么东西成习；必须不让他形成任何积习。

许多父母想让自己的孩子习惯于一切。但这是没有好处的。因为一般而言的人类本性，部分而言也是个别主体的本性，并不能习惯于一切，许多孩子在学习期仍然如此。例如，他们希望孩子能够在任何时候睡觉和起床，或者在他们要求的时间进食。但如果孩子们应当经受住这个，那它该属于一种特殊的生活方式，这种生活方式能强健体魄，因此能把前者已败坏的东西再加以改善。我们毕竟在自然中也发现有些节律性的（periodisch）东西。动物也有其特定

[9:464] 的睡眠时间。因此,人也应当习惯于某个特定的时间,以免身体的功能被扰乱。[1] 至于另一件事,即孩子是否应当能够随时进食,人们在这里也许不能以动物为榜样。因为像所有食草动物一样,由于摄取到的营养很少,吃对于它们来说就是一项常态的事务。但对人来说,坚持在某个特定时间进食是很有益的。有些父母还希望自己的孩子能够承受严寒、恶臭和各种各样的噪音之类的东西。但只要他们没有任何积习,这都是毫无必要的。为此,把孩子置于不同的状态中,是很有益处的。

　　硬的床铺要比柔软的床铺更有益于健康。一般来说,吃苦教育很有助于身体的强壮。但我们所理解的吃苦教育只是防止安逸。并不缺乏能证实这种主张的突出实例,只不过人们不注意它们,或者更准确地说,不愿意注意它们罢了。[2]

　　至于内心的教化,人们其实也能够以某种方式称之为自然的,在此主要应注意的是,规训绝不是奴役性的,而是孩子必须始终感受到自己的自由,只是不要妨碍别人的自由;因此他必须感到有阻碍。有些父母拒绝他们孩子的一切要求,为的是借此锻炼孩子的耐性,并由此要求孩子们具有比他们自己还多的耐性。但这是苛刻的。人们应给予孩子充足的对其有益的东西,然后对他说:"你拥

---

[1] 对于被看作机器的人,这种习惯毫无疑问有其巨大的好处,但我们不可忘记有时候例外也是必要的。即便在与自然生命的关联中,正如胡弗兰德精彩地阐明过的那样,这些例外有它们的用处;但假定我们因严格的习惯而活得更长久,那么这种更长的寿命说到底毕竟会显得只是一种呆板的生命,即只是一种植物性的生长。——林克注 [译者按:胡弗兰德(Ch. W. F. Hufeland, 1762—1836),德国著名临床医生,著述颇丰。]

[2] 参看:卢梭. 爱弥儿,或论教育:上卷[M]. 李平沤,译. 北京:商务印书馆,2002:156-158。——译者注

有的足够了！"而绝对必要的是，给了孩子这些东西就不要反悔。不要理会孩子的哭喊，在他们想靠哭喊强要某种东西时不能顺从他们；但他们友好地请求的东西，若对他们有益，就给他们。由此孩子也会习惯于开诚布公，而不会以自己的哭喊打扰人，这样每个人反过来也都会友好地对待他。天意似乎确实赋予孩子们令人喜爱的神情，以便能够吸引人们带给他们好处。而最有害的，莫过于为了克服孩子的任性而进行一种嘲弄性的、奴役性的规训了。 [9:465]

人们常常会对孩子喊："呸，你可耻，这成何体统！"如此等等。但就最初的教育而言，这类做法是绝不应该出现的。孩子还没有羞耻和得体的概念，他没有什么好羞耻的，也不应当感到羞耻，这样只会让他变得羞怯。他会在别人的目光下不知所措，并且喜欢在其他人面前把自己藏起来。由此就产生拘谨和一种有害的隐瞒。在他本来应当能够提出一切请求的时候，他都不再敢提出请求；他隐瞒自己的想法，并且总是表现得与其实际情况不同，哪怕实际上他可以开诚布公地说出一切。他总是不待在父母身边，而是回避他们，而投入那些更顺从的下人的怀抱。

但是，嬉闹无度和无休止的爱抚丝毫不比那种嘲弄性的教育更好。这强化了孩子的固执己见，使他变得虚伪，而且由于这种做法暴露了父母的弱点，就会使他们在孩子眼里失去必要的敬重。但如果人们这样教育孩子，使他靠哭喊得不到任何东西，则他就会变得自由而不鲁莽，谦虚而不羞怯。"**放肆**（dreist）"[1] 本来应当写作

---

[1] 亦可译为"虚张声势"，康德在《实用人类学》第77节中对 Dreistigkeit 有类似的讨论。参看：康德. 实用人类学[M]. 邓晓芒，译. 上海：上海人民出版社，2002：166。——译者注

"dräust",因为它源自"dräuen",即"威胁"。人们受不了一个放肆的人。有些人具有这种放肆的面孔,使得人们总是不得不担心他们的粗野,就像人们从另一些人的面孔上马上就能看出他们不会对人说粗话。当这种表情与某种善意相结合时,人就总是能够给人一种开诚布公的印象。人们常说上流社会的人士看起来有王侯之气。但这其实无非是他们从小到大就习惯了的某种放肆的眼神,因为他们从来没有受到过阻拦。

所有这些都还可以算作消极性的教化。因为人类许多弱点之产生,常常不是因为人们没有教给他什么,而是因为还带给了他一些错误的印象。例如,乳母教给孩子们对蜘蛛和蟾蜍等的某种恐惧。孩子们本来肯定会像抓其他东西一样去抓蜘蛛。但由于乳母一看到蜘蛛就通过表情表现出自己的厌恶,就通过某种共情作用影响到孩子。许多人终生都保持着这种恐惧,并且在这方面始终处于孩童状态。因为蜘蛛虽然对苍蝇来说是危险的,而且其咬噬对苍蝇来说是有毒的,但它们却对人无害。而蟾蜍亦是一种无辜的动物,与一只漂亮的青蛙或者任何别的动物一样。

[9:466]

———————

自然的教育的肯定性部分是**教养**(Kultur)。就对教养的教育而言,人不同于动物。教养尤其在于其内心力量的锻炼。因此,父母必须给自己的孩子提供相应的机会。这里首要的和最重要的规则是,尽可能地不使用任何工具。如一开始就不使用襻带和学步车，让孩子在地上爬来爬去，直到他自己学会走路为止，而这样他将走得更稳当。也就是说，工具只会毁掉自然的娴熟。人们使用绳子来测量距离，但靠目测也可以做得同样好；人们使用钟表来确定时间，但靠太阳的位置也能做到这一点；人们使用指南针在森林里确定方位，但靠白天太阳的位置和夜晚星辰的位置也能做到。人们甚至可以说，为了在水上行进，可以不用船而是自己游泳。著名的富兰克林[1]感到奇怪的是，既然游泳如此令人愉快和有用，那么为什么并不是每个人都学会了游泳。他还提出了人们自己能够学会游泳的一种便易的方式。让人站在小河的河水里，刚好头可以露出水面，在河里放一个蛋。现在人试图去抓这个蛋。由于他俯下身去，脚就抬起来，而为了不让水进到嘴里，头就必须仰起，而这样，就有了游泳必需的正确姿势。现在，只需要手划动起来，就是在游泳了。——关键仅仅在于培养出自然的技能。告知（Information）往往就属于这种情况，孩子通常自己就有充分的创造性，或者自己就能发明器械。

在进行自然的教育时，关于身体方面，应当注意的是，这要么涉及对任意运动的使用，要么涉及对感觉器官的使用。就前者来说，关键在于使孩子总是能够自助。这就需要强壮、技能、敏捷性和稳定性；例如，人本来就能够在狭窄的独木桥上、在面对一个深

[9:467]

---

[1] 本杰明·富兰克林（Benjamin Franklin, 1706—1790），美国著名政治家、发明家和作家。按照剑桥版康德文集英译者注的说明，富兰克林在给奥利弗·奈维（Oliver Neave）的信中谈到了这种游泳的技艺，可参看：《富兰克林著作集》（*The Writings of Benjamin Franklin*, ed. Albert Henry Smith, New York: Macmillan, 1907）第五卷 第546—550页。——译者注

渊的悬崖峭壁上、在一个摇晃的支架上行走。如果一个人做不到这一点，那么他就不完全是他本来能够是的样子。自从德绍的博爱学校在这方面率先垂范以来，其他机构也对孩子们进行过许多这类尝试。有人读到瑞士人从小就已经习惯于走山路，并由此获得这等本领，以至于能在极其狭窄的独木桥上稳健地行走，并跳过他们根据目测已经知道自己完全能够跃过的深渊，感到惊叹。但是，大多数人害怕某种想象中的坠落，而且这种恐惧仿佛使肢体麻痹，以至于这样一种行走对他们来说就与危险联系在一起了。这种恐惧通常随着年龄而增长，而且人们发现它在从事脑力劳动较多的人士那里尤为常见。

让孩子做这样一些尝试实际上并不是很危险。因为孩子们的体重相对于他们的力量来说比其他人要轻得多，因此摔得也就不那么重。此外，他们的骨头也不像成年人那样脆而易折。孩子们也在自己试自己的力气。例如，人们经常看到他们不带有任何意图地爬上爬下。奔跑是一种有益于健康的运动，能强健人的体魄。跳跃、举重、负重、投掷、投射、摔跤、赛跑和所有这类锻炼都很好。跳舞，就其艺术性而言，对真正的小孩子来说似乎还太早了一些。

投掷方面的锻炼，一方面要投得远，另一方面要投得准，这也带有锻炼感官，特别是锻炼眼力的意图。球类游戏是最好的儿童游戏之一，因为它也包含了有益于健康的奔跑。一般来说，最好的游戏是在训练技能之外还能附带锻炼感官的活动，例如锻炼目测能力，来对距离、大小和比例做出正确的判断，根据周围环境借助于太阳来确定一些地方的方位等，所有这些都是好的锻炼。位置想象力，人们将之理解为那种把人们在某些地方实际见到过的一切在那些地方想象出来的能力，也是某种很有益处的东西，例如通过记住之前经过的树木而走出森林来娱乐。还有 memoria localis［位置记忆力］，例如不仅知道曾在哪本书里读到过某种东西，而且知道它在书中的什么地方。音乐家就是这样把琴键位置记在脑子里，无须临时再去查看它们。对孩子们听觉的培养也是同样必要的，以便通过听觉而知道某种东西远还是近以及在哪边。

[9:468]

孩子们的盲牛游戏（Blindekuhspiel）[1] 已为希腊人所知，他们称之为 μυΐνδα。一般来说，儿童游戏是很普遍的。德国儿童玩的游戏，在英国和法国等国也都能见到。这些游戏的根据是孩子们的某种自然冲动。例如，在玩盲牛游戏时，他们可以看一看在不得不缺少一种感官时如何能够帮助自己。陀螺是一种特别的游戏；但即便是这样的一些儿童游戏，也给成人提供了进一步反思的素材，有时还提供重大发明的诱因。如谢格奈[2]就写过一篇关于陀螺的论文，而陀螺还给一位英国船长提供了机缘，其发明了一面能够在船上测量星辰高度的镜子。

孩子们喜欢制造噪声的器械，例如小鼓、小号等东西。但这样的东西不合适，因为别人会因此受到打扰。但如果他们能学会自己

---

[1] 按康德下文的叙述，盲牛游戏可能是某种蒙上游戏者的眼睛，让他通过其他感官来判断事物或寻找方向的游戏，比如通过摸手或脸，判断面前的小朋友是哪位，或者从 A 地点走到 B 地点。——译者注

[2] 谢格奈（Johann Andreas Segner, 1704—1777），匈牙利数学家和物理学家，曾任耶拿大学和哥廷根大学教授，著有《算术和几何原理》。在《纯粹理性批判》中讨论数学命题都是综合判断时，康德曾提到过谢格奈（《纯粹理性批判》，B15）。——译者注

削一根管子，使之能够吹奏，情况就会好得多。

荡秋千也是一种好运动；甚至成人也用它来促进健康，只不过孩子们玩秋千时需要照看，因为这种运动的速度可能会变得很快。放风筝同样是一种无可指摘的游戏。它培养起这种技能，如果想让风筝升得够高，就要根据风向将它调整到某个特定的姿态。

[9:469]

为了这些游戏，孩童会放弃其他需要，就这样逐渐地也学会了某种另外的东西和安于匮乏。此外，他由此习惯于持之以恒地做事，但也正因此，在这里不会仅仅是游戏，而必然是有意图和有最终目的的游戏。因为他的身体越是以这种方式得到增强和磨炼，他就越是能够防止由娇惯导致的腐蚀性后果。就连体操也只应当是引领自然，而不可追求强制性的媚态。必须首先进行的是规训，而不是告知。但在这里要注意的是，人们对孩子们的身体进行培育的同时，也是在为社会对他们进行教化。**卢梭**说："你们不先有一个顽童，就永远教化不出一个精明干练的人！"[1] 一个活泼健康的男孩成为一个好男人，比一个冒失的男孩成为一个行为明智的小伙的可能性更大。孩子在社交中不仅要不烦人，而且绝不能阿谀奉承。面对别人的邀请，他必须亲切而不勉强，坦率而不鲁莽。做到这点的办法就是：人们不去败坏什么东西，不要用规矩的概念去教训孩子——这些概念只会使他畏首畏尾、不敢见人——或者在另一方

---

[1] 卢梭原本的论述如下："如果你不首先培养活泼的儿童，就绝不能教出聪明的人来。这是斯巴达人的教育方法，他们开头并不是教孩子们去啃书本，而是教他们去掠夺他们的食物。"参看：卢梭. 爱弥儿，或论教育：上卷 [M]. 李平沤，译. 北京：商务印书馆，2002：140。——译者注

面，给他带来那种想引起别人注意的想法。没有比孩子老练的庄重或者唐突的自负更可笑的了。在后一种情况下，我们必须更多地让孩子感受到自己的弱点，但却不能让他过多地感受到我们的优势和控制，这样，他虽然是由自己来培养自己，但却只是在社会中培养，在社会中世界虽然对他足够大，但必须对别人也足够大。

《商弟传》[1]中的**托比**把一只长时间烦扰他的苍蝇赶出窗外，对它说："滚吧，你这可恶的虫豸，世界对我和你来说足够大了！"每个人都可以此作为自己的座右铭。我们不可相互搅扰；这个世界对我们所有人来说都足够大。

我们现在来谈谈心灵的培育，人们在某种程度上也可以把它称为自然的。但是，人们必须把自然和自由区分开来。为自由立法，这与对自然本性加以教化是完全不同的事情。但身体的自然和心灵的自然在这一点上毕竟是一致的，即人们试图凭借这两方面的教化来防止某种败坏，然后还有艺术对前者就像对后者一样也有某种帮助。因此在某种意义上，人们完全可以把心灵的教化与身体的教化一样称为自然的。

---

[1] 《商弟传》（*The Life and Opinions of Tristram Shandy, Gentleman*）是英国小说家斯特恩（Laurence Stern，1713—1768）的代表作。——译者注

[9:470]　但是，这种对精神的自然教化在这一点上有别于道德教化，即后者仅仅以自由为目标，而前者则仅仅以自然为目标。一个人可能受到了很好的自然的培育；他可能有充分培养起来的精神，但在道德上却培育得很糟糕，这样他就仍然是一个恶劣的被造物。

　　但是，**自然的**教养必须与**实践的**教养区别开来，后者是**实用的**或者**道德的**。在后面这种场合，它是**道德陶养**（Moralisierung），而不是**培育**（Kultivierung）。

　　我们把精神的**自然的**教养分为**自由的**教养和**学院式**的教养。**自由的**教养仿佛只是一种游戏，与此相反，学院式的教养则构成一种事务；自由的教养是在学徒阶段必须始终得到关注的教养；但在学院式的教养这里，学徒则被看作处在强制之下。人们可以忙于游戏中的事务，并把这称为忙于休闲；但人们也可以被强制着忙于事务，而把这称为工作。学院式的教化对于孩子来说应当是工作，而自由的教化则应当是游戏。

　　人们已经设计了各种不同的教育计划，以便尝试哪种方法对于教育来说是最好的，这也是非常值得赞扬的做法。此外，人们也设想要让孩子们像在游戏中那样学习一切。在某一期《哥廷根杂志》上，**利希滕贝格**[1]批评了那种把孩童的一切教育都变成游戏的妄想，因为他们既然有朝一日必定会进入事务性的生活，就应当尽早地习惯于事务。这种做法造成一种完全适得其反的后果。孩子应当游戏，应当有休息的时间，但他也必须学会工作。对他们的技能

---

[1] 利希滕贝格（George Christoph Lichtenberg，1742—1799），德国哥廷根大学物理学教授。——译者注

的教养固然也像精神的教养一样有益，但两种教养方式必须在不同的时间进行。此外，对于一个人来说，他如此偏爱无所事事，这就已经是一种特殊的不幸了。一个人越是慵懒，就越是难以下决心去工作。

在工作时，忙碌本身并不令人愉快，毋宁说人们乃是由于别的意图而从事工作。与此相反，游戏中的忙碌自身就是令人愉快的，不再心存任何其他进一步的目的。当人们散步时，则散步本身就是目的，而且走得越远，它就越使我们感到愉快。但如果我们是去某个地方，在那个地方的公司或者别的什么东西就是我们此行的目的，则我们就喜欢选择最短的路径。纸牌游戏也是这样。看到一些头脑清醒的人经常一坐就是几个小时，在那里洗牌，这真是很奇怪的事。它说明，人们要完全告别童年是多么不容易。因为那种游戏比孩子们的球类游戏好在哪里呢？成年人的确不再骑在玩具马上玩，但他们会骑在别的"玩具马"上。 [9:471]

孩子们要学会劳动，这是最为重要的。人是唯一必须劳动的动物。他必须先做许多准备，才能使自己享受某种用来消遣的东西。[1] 对于这个问题：如果上天事先为我们准备好了一切，使我们可以根本不用劳动，它对我们的操心是不是会更周到一些呢？答案无疑是否定的。因为人需要做事，哪怕是这样一些带有一定强制性的

---

[1] 参看：卢梭. 爱弥儿，或论教育：上卷 [M]. 李平沤，译. 北京：商务印书馆，2002：104-106，261-275。——译者注

事。¹ 以为亚当和夏娃只是待在伊甸园里，除了坐在一起、唱一些田园牧歌和欣赏大自然的美景，就无须做任何事情，这种想法同样是错误的。毫无疑问，无聊同样会折磨他们，就像在类似的情况下折磨其他人一样。

[9:472] 人必须以这样一种方式让自己被充实，即他以完全忘我的方式，心中充满了他眼前的目的，而对他来说最好的休息就是劳动之后的休息。因此，孩子也必须习惯于劳动。而除了在学校里，还应当在别的什么地方来培育对工作的爱好呢？学校是一种强制性的教养。让孩子习惯于把一切都看成游戏，是极为有害的。他必须有时间休养，但也必须有某段时间在劳动。尽管孩子并不是立即就能看出这种强制有什么用，但他将来终究会看到它的巨大用处。一般来说，如果总是想回答孩子们的问题——这是为什么？那是为什么？——就只会纵容他们的好奇心。教育必须是强制性的，但不可因此而是奴役性的。

---

¹ 大多数人肯定需要从事某种特定的行当或者职务，而且不乏这样的实例，即人们通常所说的退休了的人，与他们之前从事其特定工作时的满足及健康相比，恰好同样是不满足，甚至还疾病缠身，而这并不是因为他们无事可干，而是因为他们现在所要做的事情不再是特定的工作，一切都仅仅取决于他们的随意。以我的看法，其根据在于，一种特定的职务工作或本行工作把我们置于诸多关系之中，因而也给我们的生活带来许多变化，而这些变化不管是令人愉快的还是不令人愉快的——只要它们并不在某种压倒性的程度上是不令人愉快的——都强化了我们的力量，并由此更多地保持着我们的勃勃生机和我们的善良意志。再者，当人们不得不做出成就时，通常也成就更多；这样人们就能在每天结束时为自己结算，看自己是不是无所事事、毫无用处地活着，而这种想法就具有某种特别振奋人的东西，而且照我说是磨炼人的东西。没有任何真正的行当或者职务的人，当然能够做他有能力和意志去做的一切事情，但正因为如此，选择对他来说就变得如此困难，常常是在他决定做这件工作或者那件工作之前，日子就流逝了。——林克注

至于对内心能力的自由培育，则必须注意让它总是不断进行。真正说来，它必定关乎诸高等能力。低等能力总是附带地得到培育，但只是考虑到高等能力；例如，机智就是考虑到知性而得到培育的。这里的主要规则是：没有一种内心能力是单独培育起来的，而是每个都必须与别的内心能力联系起来加以培育；例如，想象力就只是为了对知性有好处而加以培育的。

低等能力单单就自身而言没有价值，例如一个拥有良好记忆力却没有任何判断力的人。在这种情况下，这样一个人只是一个活字典。不过这样一些帕纳塞斯（Parnasses）[1]的"载重驴子"也是必要的，虽然他们自己不能提供任何真知灼见，毕竟在搬运材料，以便其他人能够从中造就出某种好东西。——机智如果不加上判断力，所提供的就是全然的胡闹。知性是对共相的认识。判断力是把共相运用于殊相。理性则是那种看出共相与殊相的联结的能力。这种自由的教养从童年开始一直进行到青年免除一切教育时为止。例如，当一个青年引用一条普遍规则时，人们可以让他从隐含着这条规则的历史、传说中举出各种事例，从诗人那里指出已经表达了这条规则的段落，这样就给他以激励来锻炼自己的机智和记忆力等。

"tantum scimus, quantum memoria tenemus"[我们能记住多少，就知道多少]这条格言自然有其正确性，因此对记忆力的培育是很有必要的。所有的事物都是这种情况，即知性首先追随的是感性印象，而记忆力则必须保存这些印象。例如，在语言那里就是这种情

---

[1] 希腊神话里太阳神和文艺女神居住的圣山，意指文坛。——译者注

[9:473] 况。人们要么通过死记硬背,要么通过交往来学习语言,而后者对于学习活的语言[1]来说是最好的方法。学单词确实是必要的,但让人去学习那些他在年轻时恰好读到的作品里出现的词汇,这样做是最好的。年轻人必须学完一定量的规定课程。如人们也最好通过某种机械方式来学习地理学。记忆力尤其喜爱这种机械方式,而且在大量场合下它也是很有用的。对于历史来说,到目前为止尚未发明出任何特别适宜的机械方式;人们虽然尝试过列表,但看来也不怎么行得通。[2] 不过,历史是一种在判断中锻炼知性的极佳手段。记忆是很有必要的,但对于纯然的练习根本没什么用处,例如,让人把讲演稿背得滚瓜烂熟。它充其量也就有助于提高胆量,而除此之外,朗诵只是成人的事情。[3] 这也包括人们只是为了一场未来的考试或者顾及 futuram oblivionem [将来的遗忘] 而学习的一切东西。人们必须只让记忆力用在那些我们最适宜于保持它们并与现实生活有关的事物上。孩子们读小说最为有害,因为除了他们把读小说的那一瞬间用来消遣之外,对小说没有任何进一步的利用。读小说会削弱记忆力。因为想记住小说的内容并向别人复述,这

---

[1] 指人们实际使用的现代语言。——译者注

[2] 施勒策尔的历史年表也有这个最终目的(Endzweck)。甚至裴斯泰洛齐的理念与方法,在某种程度上似乎也是指向这样一种机械方式的。——林克注

[3] 当然,有许多明智且有见识的人表现出不擅长朗诵;但毫无疑问,人们更容易记住带着所要求的表情来诵读或者至少能够这样诵读的东西,这方面的基础可能很早就已经奠定下来且有了成效,并由最近的阅读法得到了证明。参见奥利菲尔的《论好的教学方法的特性和价值》,莱比锡,1802年,及其《教授阅读和正确书写的艺术》,德绍,1801年。——康德原注 [译者按:根据剑桥版康德文集译者注的考证,康德从1786—1787年停止讲授教育学课程后,应该未对教育学讲演文本再做修改补充,因而这个注解很可能是德文编者林克添加的。]

是很可笑的。因此，必须从孩子们手中拿走一切小说。因为他们在读小说时，会在小说中又为自己构想出一部新的小说，在那里他们以不同的方式给自己设想出种种境遇，坐在那里浮想联翩却又毫无所思。

分心是绝不可以容忍的，至少在学校里是这样，因为分心最终造成这方面的某种特定的倾向和某种特定的习惯。就连最好的才能，在屈从于心神涣散的人那里也会被荒废掉。如果孩子们在嬉戏时分心，他们还能很快地重新集中精神；但如果他们的脑子里有恶作剧的想法时，人们就看到他们最为分心，因为这时他们考虑的是如何能掩盖这些恶作剧，或者重归正经。他们在这时听任何东西都会心不在焉、答非所问，不知道自己在读些什么，如此等等。 [9:474]

记忆力必须尽早培育，但与此同时，也必须立即培育起知性来。

记忆力是这样培育的：(1) 通过记住故事中的名字；(2) 通过阅读和书写，但前者必须在头脑里做，而不是逐字拼读；(3) 通过说话，但这些话在孩子们能够阅读任何东西之前，必须首先通过听来教会他们。然后，一种合目的地编排起来的所谓 orbis pictus[1] 就有了很好的用途，而人们可以从植物采集，从矿物学和一般自然描述开始。为这些对象画一个略图就需要绘画和模型制作，而后者又需要数学。最初的科学课程最有益的是关于地理学的，包括数理地

---

[1] 拉丁文：世界图解。康德所指的，应该是像著名捷克教育家夸美纽斯（Johann Amos Comenius, 1592—1670）编写的 *Orbis Sensualium Pictus*（《世界图解》）这类配有插图的儿童教科书。夸美纽斯的这部书从17世纪中叶问世后，在此后一两个世纪中一直是欧洲流行的儿童读物。——译者注

理学和自然地理学。然后通过铜版画和图片来解说的游记就引向政治地理学。接着从地球表面的当前状况，再返回到过去的状况，引导我们学习古代地貌和古代历史，等等。

但在对孩子的教学过程中，人们必须力求逐渐把知识与能力结合起来。在所有科学中，数学看来是能够最好地满足这一最终目的的唯一科学。此外，知识和语言表达（口才、善于言辞和雄辩）也必须结合起来。但即便是孩子，也必须学会非常清晰地把知识与纯然的意见和信念区别开来。[1] 以此种方式，人们就准备好了一种正确的知性和一种**正确的**，而非**精致的**或者**纤巧的**鉴赏力。这种鉴赏力必须最初是关于感官的，尤其是视觉的鉴赏力，但最终则是关于理念的鉴赏力。

[9:475] 在一切应当用来培育知性的事物里面，都必然会出现规则。把规则也抽象出来，以便知性不仅机械地而且借助于某种规则意识来运作，这是很有助益的。

把规则带进某种公式，并这样把它托付给记忆力，这也是很好的。如果我们记住了规则，即便忘记了如何运用，我们也会很快找到路径。这里的问题是：规则应当首先抽象地学习，还是应当在人们完成运用之后才学习？或者规则和运用应当同步进行？只有后者是值得推荐的。其他场合中，在人们学会规则之前，其运用是非常不可靠的。但是，规则有时也必须分级，因为如果它们彼此不处在相互联系之中，人们就记不住它们。因此，在语言上，语法必定

---

[1] 参看《纯粹理性批判》A820=B848关于"意见、知识和信念"的讨论。——译者注

总是在某方面先行。

―――――――

但是，我们现在必须也对教育的总体目的及其实现方式给出一个系统的概念。

（1）对内心能力的普遍教养，与其特殊教养有区别。它关乎技能和完善化，不是在其中具体地向子弟告知什么东西，而是强化其内心能力。它：

①要么是**自然的**。在这里，一切都基于练习和规训，孩子们可以不知道任何准则。它对于学生来说是**被动的**，学生必须服从另一个人的指导。别的人为他思考。

②要么是**道德的**。这样一来它不是基于规训，而是基于准则。如果人们要把它建立在榜样、威胁和惩罚等之上，则一切都被败坏了。它在那种情况下就仅仅是规训而已。人们必须注意让子弟从自己的准则而不是习惯出发来做好事，他将不仅在做好事，而且是因为那样做是好的才做它。因为行动全部的道德价值就在于善的准则。自然的教育就在下面这一点上与道德的教育相区别，即前者对于子弟来说是被动的，而后者则是能动的。他必须在任何时候都能看出行动的根据，看清行动从义务概念的推导过程。

（2）对内心能力的特殊教养。在这里指的是对认识能力、感官、想象力、记忆力、注意力的强度和机智的教养，因而这些都涉及知性的**低等能力**。关于感官，例如眼力的培育，上面已经谈过 [9:476]

了。至于想象力的培育，则要注意以下的东西。孩子们有一种非同一般的强大想象力，而且它根本不需要先通过童话来进一步地振奋和扩展。相反，它必须得到约束，被置于规则之下，但也不必让它完全闲置不用。

地图自身就有某种东西能吸引所有的孩子，哪怕是最小的孩子。当他们对所有别的东西都感到厌烦时，却仍然会在使用地图时学到某些东西。对孩子来说，这还是一种很好的消遣，在此他们的想象力也不可能东游西荡，而是必须把自己仿佛固着于某种特定的图形上。对于孩子们的教育确实可以从地理学开始。在同一时间还可以结合动物和植物等图形；这必定会使地理学变得生动起来。但历史学却似乎必须晚一些再跟进。

至于对注意力的强化，需要注意的是，注意力的加强必须是普遍的。假如我们的思想僵持在一个客体上，这与其说是一种才能，倒不如说是我们的内感官的一种弱点，因为它在这种场合下缺乏柔韧性，不能根据喜好来运用。分心是一切教育的敌人。记忆力则以注意力为基础。

但是，就**高等的知性能力**而言，这里出现的是对知性、判断力和理性的教养。人们一开始在某种程度上也可以被动地培养知性：通过为规则援引例证，或者反过来，通过为个别事例找出规则。判断力表明必须如何运用知性。要理解人们所学或者所说的东西，而不是不加理解地复述，这就需要知性。有多少人读到和听到某种东西，哪怕自以为已经理解了，却并不理解它！这包括图画和事物。

人们通过理性来看出根据。但人们必须考虑到，这里说的是一种还受到指导的理性。因此，它必须并不总是想着要逞口舌之辩，但在它看来，必须对那种过分抬高概念的东西预先辨析清楚的事情也不多。这里起作用的还不是思辨理性，而是对所发生的事情按照其原因和结果做的反思。它是一种用来管理和安排的实践理性。[1]

内心能力最好这样来培育，即让人自己去做他想做的一切事情，例如，让他把学到的语法规则马上投入使用。当一个人能够自己制作一幅地图时，他对这幅地图的理解就是最充分的。理解以制作为最主要的辅助手段。对于那些仿佛是从自身学到的东西，人们就掌握得最彻底，也记得最牢。不过，只有少数人有能力这样做。人们称其为自学者（αυτοδιδακτοι）[2]。

[9:477]

就对理性的培养来说，人们必须以苏格拉底的方式进行。也就是说，苏格拉底称自己为其听众的知识的助产士，并在其由柏拉图在一定程度上为我们保存下来的对话中提供了榜样，即人们自己如何凭年长者［的帮助］从听众们自身的理性中引出好多东西。理性在许多事情上都不需要由孩子们来行使。他们不必对一切都进行推理。对于那些可使他们受到良好教育的东西，他们不需要知

---

[1] 康德在此所谈的，似乎是体现为日常生活之思考与筹划能力的一般实践理性，并未涉及追求知识之普全原则的纯粹思辨理性和为实践普遍立法的纯粹实践理性。毕竟这里的主题是儿童教育。——译者注

[2] 康德在《实用人类学》中也称这类人为单纯的自然主义思想者，并将其描述为天才，因为他们所知道的东西都是自己思考出来的，康德还提到在机械工艺领域有不少这样的人。参看：康德. 实用人类学[M]. 邓晓芒，译. 上海：上海人民出版社，2002: 127-128。——译者注

道其根据;但一旦涉及义务,那就必须使他们知道根据。但一般来说,人们必须注意不是把理性知识灌输给他们,而是从他们里面引出来。苏格拉底式的方法应当在问答式方法上构成规则。这种问答法[1]当然有点慢,而且要安排得在把知识从一个人里面引出来时,让别的人也从中学到某种东西,是件困难的事情。机械问答的方法对于许多科学来说也是好的,例如,对于启示宗教的宣讲来说。与此相反,对于普遍的宗教来说,人们就必须使用苏格拉底式的方法。因为就必须历史地学习的东西而言,机械问答的方法是值得优先推荐的。

[9:478] 这里也包括对愉快或者不愉快的情感的教化。这种教化必须是消极的,但情感本身却不应被娇惯。贪图安逸的倾向对人来说比生活的一切陋习都更糟糕。因此,让孩子们从小就学会劳动,是极为重要的。孩子只要还没有被惯坏,实际上都喜欢耗费精力的娱乐活动和要花力气的忙忙碌碌。在他们的享受方面,一定不能让他们贪吃,也不能让他们挑食。通常母亲都会在这方面纵容自己的孩子,并且一般来说都把他们惯坏了。但人们却注意到,孩子们,尤其是儿子,爱父亲甚于爱母亲。这或许是因为,母亲根本不让孩子们进行到处乱跳乱跑之类的活动,因为害怕这些活动可能会伤到他们。与此相反,父亲虽然训斥他们,甚至也许会在他们调皮时责打他们,却时不时会带他们到田野上,让他们在那里真正

---

[1] 康德对独断的教学方式(教师宣讲)、问答的教学方式和对话的教学方式之区分,可参看《道德形而上学》(6:478-484)中的论述。——译者注

以孩子的方式到处跑动、玩耍和撒欢。[1]

人们相信，通过让孩子长时间地等待某种东西，可以锻炼他们的忍耐力。这其实并不是很有必要。但是，他们在生病以及诸如此类的事情上需要忍耐力。忍耐力是双重的。它要么指人放弃了所有的希望，要么指人鼓起了新的勇气。只要人们一直在期盼可能的东西，前一种忍耐力就是不必要的，而只要人们渴求那本身正当的东西，后一种忍耐力就一直是可行的。但在生病时，失去希望会使病情恶化，正像鼓足勇气能使病情改善一样。而对自己的自然方面和道德方面的状况还能够鼓起勇气的人，也不会放弃希望。

也一定不要让孩子们变得羞羞答答的。这种情况尤其会在人们严词责骂他们并且经常羞辱他们时发生。典型属于这种情况的是许多父母的大叫："呸，你羞不羞！"我完全看不出来，孩子在把手放进嘴里这类事情上真有什么可感到羞耻的。人们可以对他们说"这不是好习惯，这不礼貌"，但绝不能对他们喊叫："呸，你羞不羞！"——除非是在他们撒谎的情况下。大自然赋予了人羞耻感，使人一旦撒谎就暴露了自己。因此，如果除了在孩子撒谎时，父母绝不对他们唠叨什么羞耻的事，那么孩子就会终生保持这种与撒谎联系着的羞愧（Schamröte）。但如果不停地让他们感到羞耻，就会使他们形成一种此后不可改变地附着在其身上的羞怯心态。

---

[1] 在我看来，一种更贴切的原因在于，父亲较少与自己的孩子们嬉戏，因此他的爱的证明也获得了一种更大的价值。此外，父亲通常更重视的是孩子们对自己命令的遵守，更少表现出迁就的弱点，这样就产生了某种敬重，它是信赖和爱的最牢固的基础。但是，这已经要以某种注意力为前提了，而且正因为如此，孩子们，尤其是儿子，在最初的岁月里更多地依赖母亲。——林克注

[9:479] 　　如上所说，一定不要摧折孩子们的意志，而只能以让它向自然的障碍让步的方式来驾驭它。开始时，孩子当然必须盲目听话。让孩子通过自己的哭闹发号施令，让强者听从弱者，这是不自然的。因此，哪怕是在孩子们最幼小的时候，也绝不能顺从他的哭喊，绝不能让他们借此强行要求什么。父母们通常都忽视了这一点，他们想通过在以后的时间里再拒绝孩子的一切请求来加以纠正。但是，无原因地对他们期望从父母的亲情中得到的东西加以拒绝，仅仅是为了让他们感到阻力，让他们作为较弱的一方感受到父母的优势，这就完全是搞颠倒了。

　　如果人们执行孩子们的意志，孩子们就被惯坏了，而如果人们直接和他们的意志和愿望作对，则他们受到的教育就是完全错误的教育。前者通常发生在他们还是父母的一个玩具时，尤其是在他们刚开始学说话的时候。但这种娇惯会对孩子们的一生产生极大的害处。而在与孩子们的意志作对时，虽然人们同时阻止了孩子们表达自己的不满，但是不满是必定会发生的，孩子们在内心里会更加愤愤不平。他们还没有学会此时行事应该遵循的方式。——因此，在孩子很小的时候人们就必须遵循的规则是：如果孩子哭喊，而人们相信他们受到了伤害，就来帮助他们；但如果他们只是出于不满而哭喊，那就由他们去。而且此后还必须不间断地采取同样的做法。孩子在这种情况下遇到的阻力是完全自然的，而且是真正消极的，因为人们只是没有顺从他。相反，有些孩子如果一个劲儿地请求，就会从父母那里得到他们想要的一切。如果人们让孩子通过哭喊来得到一切，他们就会变得狡诈；而如果让他们通过请求来得到一切，他们就会变得懦弱。因此，如果没有明显的反对理由，人们就必须满足孩子的请求。但如果找到了不满足他们的理由，则人们也不必被多次的请求打动。任何一个拒绝性的回答都必须是不可撤回的。于是这样一种拒绝首先就有这样的效果，即人们不可以经常性地拒绝。[1]

如果假定孩子在脾气固执上天生有种自然禀赋，当然这只能设想成极为罕见的情况，那么，最好的做法就是：如果他不做使我们高兴的事，我们也不做使他高兴的事。——对意志的摧折会带来奴性的思维方式，与此相反，自然的阻力则会造就驯良温婉。 [9:480]

道德教养必须建立在准则而不是规训之上。后者是防止淘气，前者则是对思维方式的教化。必须注意让孩子习惯于按照准则，而不是按照某些动机行动。通过规训，所余留下的只是一种习惯，但这习惯也是会随着年龄的增长而消失的。孩子应当学会按照他自己看得出其正当性的准则行动。人们很容易看出，小孩子很难做到这一点，因此道德教化也就会把这方面的大多数见识归于对

---

[1] 世上有少数真正的坏人，也就是说，他们是出自原理的坏人 [译者按：在此处林克应该指的是那些懂得善恶区分，却蓄意违背道德法则而作恶的人]。但与此相反，有许多人丧失了品格，或者更正确地说，他们从未具备品格，而大多数恶习都是由此产生的。据此，一切教育学的主要任务就是教化孩子具备一种遵循公正概念的品格，而不是遵循荣誉概念的品格，因为后者排斥品格。这种教化的基础就是榜样，而什么榜样在这里可能比已在父母的软弱顺从中显示给孩子的那种缺乏自己的立场、缺乏自己的品格的榜样带来更有害的影响呢？孩子缺乏品格的根源正在于此。——林克注

父母和教师的要求。[1]

比如说，孩子撒了谎，则人们不必惩罚他，而是以蔑视对待他，告诉他人们将来会不相信他，如此等等。但是，如果孩子做了坏事人们就惩罚他，他做了好事人们就奖励他，那么他就会为了得到好处而做好事。今后如果他来到一个并无这样的秩序的世界，在那里可能做好事得不到奖励、做坏事却不受惩罚，那么他就会自发地变成一个只关心自己怎样才能在这个世界上混得好的人，行善还是作恶，取决于他觉得哪件事最有利。

[9:481]

准则必须从人自身产生出来。就道德教养来说，人们应当尝试尽早教会孩子们善和恶的概念。如果想建立道德性，人们绝不能靠惩罚。道德性是某种如此神圣和崇高的东西，以至于不可以如此贬低它，把它与规训置于同一层次上。道德教育最初的努力就是确立一种品格。品格在于按照准则行动的能力。开始时是学校的准则，然后是人性的准则。最初，孩子服从法则。准则也是法则，但却是主观的法则；它们从人自己的知性中产生出来。但对学校法则的任何违反都不能不受到惩罚，虽然这种惩罚永远必须与违反行为相匹配。

如果人们要在孩子身上教化出一种品格，那么许多事情的关

---

[1] 我在前面已经提到，这些准则不能是荣誉的准则，而必须是公正的准则，因为前者能与无品格相安无事，后者却不能与之共存。此外，荣誉是某种完全约定俗成的东西，是必须在某种程度上首先学会的，而为此就需要经验。因此在这条路上，只是很晚才能考虑到对品格的教化，或者毋宁说，它只有到很晚才成为可能。与此相反，公正的观念深深地植根于每个孩子、哪怕是最娇气的孩子的心灵中，因此，人们不要对孩子喊："哎，你羞不羞啊！"最好的做法总是把他引回到这个问题上："这难道是公正的吗？"
——林克注

键都在于让他们在所有的事物中注意到某种计划,某些必须极为严格地遵循的法则。例如,给他们规定睡觉、劳动和娱乐的时间,以后也绝不再延长或者缩短。在无足轻重的事情上,可以让孩子们选择,只是他们一旦为自己确立了法则,今后就必须一直遵守。——不过在孩子们身上,人们必须教化出来的并不是一个公民的品格,而是一个孩子的品格。

不给自己预设某些规则的人是不可靠的,人们常常不知道如何使自己适应他们,而且永远也不能完全懂得如何与他们相处。虽然人们对那些始终按照规则行动的人,例如对按照钟点给每个行动都规定某个时间的人颇有微词,但这种指责往往是不公平的,而且这种准时尽管看上去有些苛刻,却是一种倾向于品格的气质。

属于一个孩子,特别是一个学生的品格的首先是服从。这种服从是双重的,首先是服从一个领导者的**绝对意志**,其次是服从其**被认为是合理的和善良的意志**。服从可能是出于强制,这样它就是**绝对的**,或者出于信任,这时它就是第二种服从。这种**自愿的**服从是非常重要的;但那种绝对的服从也极为必要,因为它使得孩子为遵循这样一些法则做好了准备,这些法则是他将来作为公民即便不喜欢也必须遵循的。

[9:482]

因此,孩子们必须处在某种必然性法则之下。但这种法则必须是一种普遍的法则,在学校里尤其要注意这一点。教师一定不要在众多孩子中表现出任何偏爱,表现出对某个孩子的优点的特别喜爱。因为不然这种法则就不再是普遍的了。一旦孩子们看到不是其他所有人都必须服从同样的法则,他们就会变得难以控制。

人们一直都在唠叨说,任何事情都必须以这样一种方式展示给孩子们,使得他们出于爱好来做这些事。这在有些情况下当然是好的,但人们也必须把许多东西作为义务给他们规定下来。这在今后对他们的整个人生都有很大的益处。因为像纳税、职务性工作以及在许多别的情况下,能够指导我们的只是义务,而不是爱好。假定孩子也看不懂这种义务,这反倒更好,而他毕竟很清楚某件事情是他作为孩子的义务,但更难的是要看出某件事情是他作为人的义务。如果他也能看出这一点,这种服从就会更为完全,但这要随着年龄的增长才有可能。

一个孩子对某条禁令的任何违反都是缺乏服从的表现,而且这种违反会招致对自己的惩罚。即便是不小心违反了禁令,惩罚也并非没有必要。这种惩罚要么是**自然的**,要么是**道德的**。

如果人们切断对受重视和受钟爱的、本身是道德性的一些辅助手段的爱好,这就是在实行**道德的**惩罚了,例如,人们使孩子感到丢脸,对他冷若冰霜。这些爱好是必须尽可能加以保持的。因此,这种惩罚是最佳的方式,因为它有助于道德性;例如,如果一个孩子撒谎,那么对他投以蔑视的一瞥就是足够的惩罚了,而且是最合目的性的惩罚。

自然的惩罚要么在于拒绝所渴望的东西,要么在于使之遭受处罚。前一种方式与道德的惩罚有亲缘关系,而且是消极的。后一种惩罚则必须谨慎施行,以免产生 indoles servilis [奴性的孩子]。向孩子付报酬的做法也不可取,他们由此会变得自私自利,并从中产生一种 indoles mercennaria(功利性的孩子)。

此外，服从又分为：要么是**儿童的**服从，要么是**成长中的少年** [9:483]
的服从。在违反这种服从法则的时候，惩罚就随之而来。要么这种
惩罚是一种现实中**自然的**（natürlich）惩罚，它是人通过自己的行
为招致的，例如孩子如果吃得太多就会得病，而且这种惩罚是最好
的惩罚，因为人不只是在孩提时代，而是整个一生都经受着这种惩
罚；要么这种惩罚是**人为的**（künstlich）。那种受重视和受钟爱的爱
好是一种可靠手段，它能够以持续不断的方式建立起一些责罚。自
然的惩罚必须只是作为道德的惩罚不足时的补充。如果道德的惩
罚不再有效，人们就进一步使用自然的惩罚，但是良好的品格毕竟
将不再通过后者来教化。然而最初必须由自然的强制来弥补孩子
在思考能力方面的欠缺。

带着愤怒特征来进行的惩罚会产生错误的效果。这时孩子们
只把它视为他人情绪的后果，而把自己视为其情绪的对象。一般来
说，把惩罚加在孩子们身上必须始终谨慎，要让他们看到惩罚的最
终目的只是他们自身的改善。让孩子在受惩罚时表示感谢、亲吻惩
罚者的手等诸如此类的做法是愚蠢的，它使孩子们产生奴性。如果
经常重复自然的惩罚，这些惩罚将教化出一个死脑筋的人，而如果
父母们因为自己孩子的固执而施加惩罚，则惩罚只会使他们越来
越固执。——固执的人也并不总是最坏的人，而是经常很容易对
善意的想法让步。

成长中的少年的服从不同于儿童的服从。前者在于听命于义
务的规则。出于义务做某件事情就叫作服从理性。对孩子们谈论义
务的事是白费力气。他们最终只是把义务视为某种一旦违反了接

[9:484] 下来就要挨鞭子的事。[1] 孩子可以由纯然的本能来指导，但他一旦长大，义务概念就必须加进来。就连羞耻感也必定不要用在孩子身上，而必须只在少年阶段才用。也就是说，它只有在荣誉概念已经扎根的时候才能找到位置。

为孩子的品格打基础时，第二个主要的性格特征是诚实。诚实是一种品格的基本特征和本质的东西。一个撒谎的人根本没有任何品格可言，而如果他自身有什么好的地方，那也仅仅来自他的性情（Temperamente）。有些孩子有一种撒谎的倾向，这种倾向往往源于一种生动的想象力。父亲的任务就是要注意让孩子们戒除这种倾向，因为母亲们通常会认为这件事情无关痛痒，她们甚至经常把这看作自己孩子的优秀禀赋和能力的一种令她们沾沾自喜的证明。这里就是使用羞耻感的地方了，因为在这里孩子对此理解得不错。如果我们撒谎，面红耳赤就会暴露我们，但它并不总是撒谎的证明。人们常常会因为另一个指责我们有某种罪过的人的厚颜无耻而脸红。在任何条件下，都一定不要试图通过惩罚来强求孩子说真话，他们的谎言必定会立即给他们招致恶果，于是他们就因这恶

---

[1] 如果我问孩子，他刚刚做的这件事或者那件事是否对，则他将做出，确切地说多半将做出正确的回答。如果这是某种不对的事情，而我现在继续问："那么你难道应当做这件事吗？"他的回答肯定是："不！"如果人们在这种意识的基础上进一步做工作，孩子就会逐渐地在某种程度上自己形成义务概念，而不必在这个概念上对他说那么多废话了。但是，在这样的情况下还需要动用鞭子的人，要么是一个坏的教育者，要么就是在与一个已经败坏的孩子打交道，这个孩子也许正是通过他的殴打而变坏的。不过，如果他以这种方式教育孩子，他就必须把这个孩子主要只归因于他自己的行动及这些行动的正当性，最多允许自己在他的玩伴或者其他人的很引人注目的、对孩子来说成为完全可以觉察的那些行动上有某种例外，因为一种相反的做法很容易导致对他人的挑剔和诽谤。——林克注

果而遭到惩罚。收回尊重是对撒谎者的唯一合目的的惩罚。

惩罚也可以划分为**消极的**惩罚和**积极的**惩罚，其中前者针对懒惰或者不守规矩，例如撒谎、不听话和不与人和睦相处。而积极的惩罚适用于恶意的行为。但最首要的事，就是要防止对孩子什么都不原谅。

一个孩子的品格的第三个特征必须是**合群**（Geselligkeit）。[1] 他也必须能够与他人保持友谊，并不总是自己独处。虽然有些教师在学校里反对这一点，但这是很不对的。孩子们应当为最甜蜜地享受生活做准备。教师宠爱其中一个孩子，必须只是因为他的品格， [9:485] 而不是因为其才能，否则就会产生与友爱相冲突的妒忌。

孩子们也必须襟怀坦白，这样他们的眼神就会像阳光一样明朗。唯有快乐的心灵才能在善良中感受愉悦。一种使人阴郁的宗教是错误的；因为人必须以欢乐的心情来侍奉上帝，而不是出于强制。这种快乐的心情必须不被一直严厉地控制在学校的强制之中，因为在这种情况下，它很快会变得沮丧。当它有了自由的时候才又复原。对此有助益的是某些游戏，孩子在其中有自由，又要力争在某件事上胜过别人。这样心灵又会开朗起来。

许多人认为，童年是自己的一生中最美好、最惬意的时光。但事情并没有这么美妙。那是最艰难的岁月，因为人们那时候主要处在训诫之下，极少能有一个真正的朋友，更难以得到自由。贺拉斯

---

[1] 合群是康德非常重视的一种品格，在《实用人类学》中，他对良好社交的意义做了生动的阐释，参看：康德. 实用人类学 [M]. 邓晓芒，译. 上海：上海人民出版社，2002：190-196。——译者注

就说过：Multa tulit, fecitque puer, sudavit et alsit [孩子已承受太多，做事太多，流汗又受冻]。

―――――――

对孩子们的教导必须只在与其年龄相称的事物中进行。有些父母为自己的孩子很早就能够说话老成而高兴。但通常来说，这样的孩子成不了气候。一个孩子的聪明，必须就是像一个孩子那样的聪明。他不要变成一个盲目的模仿者。但一个孩子满口老成持重的道德箴言，就完全超出了他的年龄的规定，他只是在鹦鹉学舌而已。他应当只具有一个孩子的那种知性，而不能看起来太早熟。一个这样的孩子绝不会成为一个有见识的、理智清明的人。同样令人无法忍受的是，一个孩子已经想要追赶各种时髦，例如，要修饰头发，要戴手工花边，甚至随身携带一个烟盒。他由此获得一种矫揉造作的神态，这对一个孩子并不适合。社交礼节对他来说是一种负担，而他最终将完全缺乏一个男子汉的气概。但正因为这样，人们也必须尽早遏制他的虚荣心，或者更正确地说，不要诱使他变得虚荣。但如果人们很早就已经在孩子们面前聒噪，说他们如何漂亮，说这件或者那件饰物他们戴着最可爱，或者许诺把这些东西作为奖励给他们，就会诱使孩子变得虚荣。饰物不适合孩子。

[9:486] 他们必须保持自己干净而朴素的穿着，仅以生活必需为限。但是，就连父母自己也必须不要注重这方面，不要照镜子，因为在这里和在其他地方一样，榜样的力量是无穷的，它可能巩固良好的教诲，

或者将其抵消。

论实践的教育

属于实践教育的有：(1) 技能（Geschicklichkeit）；(2) 世俗的明智（Weltklugheit）；(3) 德性（Sittlichkeit）。就**技能**来说，必须注意的是，它是缜密的而不是草率的。一定不要装出一副假象，好像对一些事情拥有知识，后来却又做不到这些事情。技能必须有缜密性，并逐渐在思维方式中形成习惯。它是构成一个人的品格的本质性的东西。技能是属于才能的。

至于世俗的明智，它就在于这样的技巧，能够把我们的技能放在人身上来使用，也就是说，如何能够把人用于自己的意图。为此需要各种各样的东西。真正说来，它是在人身上最后才有的东西；但在价值上它占据着第二的位置。

如果要让孩子拥有世俗的明智，他就必须隐瞒自己，使自己变得捉摸不透，但却能够看穿别人。他尤其必须在品格方面隐瞒自己。礼节就是制造外部假象的技巧。人们必须掌握这门技巧。看穿别人是困难的，但人们有必要懂得这门技巧，并且反过来使自己捉摸不透。这就需要隐藏，亦即不流露出自己的缺点，并且需要那种外部假象。隐藏并不都是伪装，它有时是可以容许的，但它毕竟离不正派仅有一步之遥。隐瞒是一种无可奈何的手段。世俗的明智要求人不轻易动怒；但也不必完全无动于衷。因此，人们不能过于激烈，但也要敢作敢为。敢作敢为与激烈还是不同的。一个敢作敢为的人（strenuus）拥有对意愿的兴趣。这就要求对冲动加以节制。世俗的明智属于性情。

[9:487]

德性属于品格。Sustine et abstine［忍耐并且克制］，是为一种智慧的中庸所做的准备。人们如果想教化成一种好品格，首先就必须去除激情（Leidenschaft）。在涉及自己的爱好时，人们必须养成这样的习惯，即不使自己的爱好变成激情，而是必须学会在被拒绝时忍受某种匮乏。Sustine［忍耐］意味着：忍耐和习惯于忍受！

要想学会忍受匮乏，就要有勇气和爱好。人们必须习惯于拒绝性的回答和反抗等。

同情属于性情。必须在孩子们那里防止一种热切的、感伤的缠绵。缠绵实际上是一种多愁善感，它只与那样一种本身是敏感的品格相一致。这种缠绵与怜悯还不同，它是一种病态，因为它止于对一件事只是唉声叹气。人们应当给孩子们一点零花钱，使他们能够为贫困者做点好事，这样就会看出他们是否有怜悯心；但如果他们总是只拿父母的钱来大手大脚，就不要这样做了。

格言"festina lente"［慢就是快］暗示着一种持之以恒的活动，在这期间人们必须赶快行动，以便学习很多东西，这就是 festina［快］。但人们也必须深入彻底地学习，因而要把时间用在每件事上，这就是 lente［慢］。现在问题是：哪个方面应当优先，是人们应当有广博的知识面，还是只有更小的知识面却知道得彻底？宁可知道得少一点，却对这少数东西知道得彻底，这也比知道得多却草率要好，因为人们最终还是会觉察到后一种情况中的肤浅性。但是，孩子并不知道在何种情况下可以做到这一点，以便运用这种或者那种知识，因此最好是在一切知识中知道一些根本性的东西，因为若不然，他就会以其草率学来的知识欺骗和迷惑他人。

最后就是品格的奠定。品格就在于要做某事的坚定决心，然后还在于将其付诸实施。贺拉斯所说的 Vir propositi tenax［一个坚守主张的人］，就是一种好品格！例如，如果我向某人许诺过某种东西，我就必须坚持这一点，哪怕这会给我带来伤害。因为一个人决心做某事，却并不付诸行动，就可能连自己都不会再信任自己了，例如，某个人决心每天早起学习，或者做某件事，或者去散步，于是在春天他借口说早晨还太冷，可能会对自己有害，在夏天又说天气适合睡觉，而睡觉会使他感到愉快，这样总是把自己的决定一天天地推延下去，最终他就不再信任自己了。 [9:488]

有悖于道德的东西将从这样的决心中排除掉。在一个恶人那里，品格是很糟糕的，这种品格就此也已经被称为固执了；虽然如果他实现自己的决心并且坚定不移，这一点倒是讨人喜欢的，但是他要是能在善行上有这样的表现就更好了。

对于某个一再推迟实施自己的决定的人，不能评价太高。所谓未来的皈依就有这种性质。因为那种一直过着堕落的生活却想在一瞬间皈依的人，是不可能达到目的的，因为毕竟不可能马上发生奇迹，使他一下子就成为一个善于运用自己的整个生命、始终思想正派的人。正因为如此，也不要指望什么朝圣、苦修和斋戒，因为实在看不出朝圣以及其他风俗能够有助于把一个堕落的人当场就变成一个高尚的人。

如果有人在白天斋戒，而在夜里则照样大吃大喝，或者让自己的身体承担一种悔罪,这种忏悔对灵魂的转变不可能有任何帮助,这能说是正派和改恶从善吗?

为了在孩子身上确立某种道德品格,我们必须注意如下几点:

人们必须尽可能多地通过榜样和规矩教会孩子们他们应当履行的义务。孩子必须履行的义务毕竟只是一些日常的、对自己和对他人的义务。因此,这些义务必须从事物的本性中引出。所以在这里我们要做更详细的考察:

(1)对自己本身的义务。这些义务并不在于让自己衣着亮丽、饮食丰盛,等等,虽然一切都必须是干净的。它也不在于追求自己的欲望和爱好的满足,因为相反,人们必须非常节制和适度;而是在于,人在自己内心有某种确定的尊严,这种尊严使他在一切被造物面前高贵起来,而他的义务就是不要否定他自己人格中的这种人性尊严(Würde)。

[9:489] 但是,如果我们犯下例如酗酒这类非自然的罪行,做出种种不节制的事情,这一切都是把人降低到远在动物之下的地步,我们就否定了人性的尊严。此外,如果一个人对他人卑躬屈膝,总是献殷勤,误以为靠一种如此不顾尊严的举动就能讨人欢心,这也是违背人性尊严的。

人性的尊严甚至在孩子身上也已经可以让他注意到了,例如让他知道,不干不净的情况至少对人性来说是不体面的。但孩子实际上也会由于撒谎而贬低自己的人性的尊严,因为他毕竟已经能够思考并且向别人传达自己的思想了。撒谎使人成为普遍被鄙视的对象,并且是一种从人那里夺走每个人本来都应当拥有的敬重和可信赖性的手段。

（2）对他人的义务。必须尽早教会孩子敬畏和敬重人的权利，而且必须十分重视让他付诸实行；例如，如果一个孩子遇到另一个更穷的孩子，并傲慢地把后者从路上或者自己身边推开，打他一下，等等，这时人们一定不要说"别这样做，你把别人弄疼了。要有怜悯心！他是一个穷孩子"，等等，而是必须反过来以同样的傲慢对待他并让他明显地感觉到，因为他的举动是有悖人性的权利的。其实孩子们还根本没有慷慨之心。比如，我们可以从以下事情看出这一点：如果父母盼咐自己的孩子，要他把自己的黄油面包分一半给另一个孩子，而他并不因此而在事后又从父母那里得到更多的东西，则孩子要么根本不会这样做，要么即使做了，也是极为罕见而且不情愿的。人们甚至本来就不能对孩子大谈慷慨，因为他还不拥有任何供自己支配的东西。

许多人，如**克鲁戈特**[1]，都完全忽视或者错误地解释了道德学（Moral）的这个部分，它包含着人对自身的义务的学说。但如上所述，对自身的义务在于，人要在他自己的人格中维护人性的尊严。如果他着眼于人性的理念，他就会自责。他在自己的观念中有一个他自己与之比较的原型。随着年龄的增长，对性的爱好开始萌动，就到了关键的时间点，这时只有人的尊严能够使青少年守在界限之内。但必须尽早给青少年以提示，使他知道如何能够在这样那样

[9:490]

---

[1] 克鲁戈特（Martin Crugott, 1725—1790），德国神学家，当时颇有影响的宫廷牧师。——译者注

的事情面前把持住自己。[1]

我们的学校几乎通通都缺乏某种东西,能够大大推进使孩子们变得正直的教化,这就是一种法权问答手册。它必须包含那些在日常生活中发生的通俗的事例,而且在这类事例中总是出乎意料地碰到这样的问题:某种东西是正当的还是不正当的?例如,如果某个人今天本来该向其债权人还钱,看到一个人饥寒交迫的样子而被打动,就把自己所欠而现在该还的钱全都给了他,那么,这是不是正当的?不是!这是不正当的,因为当我想做好事时,我必须是自由的。而且当我把钱送给穷人时,我是在做一件值得称赞的事;但当我偿还债务时,我是在做一件理应去做的事。此外,是否允许紧急情况下撒谎(Notlüge)呢?不行!不能设想任何情况下它是值得被原谅的,至少在孩子们面前是如此,否则孩子们就会把任何一件小事都视为紧急情况并允许自己经常撒谎了。如果现在已经有这样一本书,人们每天花1小时,教会孩子们去认识人的法权这一"上帝在尘世之眼"[2],并把它牢记在心,就能得到很多好处。[3]

至于做好事的责任,它只是一种不完全的责任。与其说必须使孩子的心变得柔软,让他被别人的命运感染,还不如说有必要使之敢作敢为。心中充满的不应是情感,而应是义务的理念。许多人在

---

[1] 这种尊严最初的情感就是羞耻,因此,Pudor primus virtutis honos(羞耻是德行的第一荣誉)。参见:贺拉斯,《讽刺诗集》,I. 6. 82. ——林克注

[2] 原文为 Augapfel Gottes auf Erden,也可译作"上帝在尘世最宝贵的东西"。——译者注

[3] 我们现在不再缺法权和义务的问答手册,而且在这些手册中有些是很可利用的。甚至在有些学校里已经现实地考虑到了这门课程的必要部分。但是,要完全实现康德的这个好主意,还有许多事情要做。——林克注

现实中心肠变硬，乃是因为他们此前曾经怀有怜悯之心，却常常发现自己受了骗。想让一个孩子理解这些行动值得嘉奖是徒劳的。神职人员经常在这一点上犯错，他们把做好事的工作想象成某种值得嘉奖的事情。¹ 也不想想在考虑到上帝时，我们所做的永远不能超出我们的责任，就连对穷人行善也只不过是我们的义务而已。因为人在富裕状况上的不平等毕竟只是由偶然的境遇带来的。因此，如果我拥有某种财富，我所要感谢的也只是我自己或者我的先辈幸运地抓住了这些境遇，而对整体的考虑毕竟总还是同样的。²

[9:491]

如果人们让孩子刻意按照别人的价值来评价自己，就会激起嫉妒。毋宁说，他应当按照自己理性的概念来评价自己。因此，谦卑真正说来无非就是把自己的价值与道德完善性做一种比较。例如，基督教不是宣讲谦卑，而是使人变得谦卑，因为根据基督教，他必须把自己与完善性的最高榜样相比较。³ 认为谦卑就是把自己估计得比别人卑微，这是大错特错的。——"看啊，就像这个孩子那样做吧！"以及诸如此类的说法，这类号召只会产生一种极其卑劣的思维方式。如果一个人按照别人的标准来评估自己的价值，那么他就会试图要么把自己抬高到别人之上，要么贬低别人的价值。但后者就是嫉妒。在这种情况下，人们就总是试图捏造他

---

1 而当他们把这种东西与其余一切所谓值得嘉奖之物一样表述为要求奖赏的一种根据的时候，他们在这方面就错得更离谱了。——林克注
2 康德对于行善更详细的论述，可以看看《道德形而上学》之《德行论》的第29—31节。——译者注
3 指的是信仰者以耶稣基督这个道德完善的原型为榜样，效法基督，从而时时认识到自己的不足。——译者注

人的消失；因为如果那个人不存在，他也就不能与之进行比较了，他就是最好的了。这种很卑劣的竞争精神激起的只是嫉妒。竞争还能够有助于某件事的例子，是使某人确信一件事的可行性，比如，我要求孩子学习一门学业，可以向他指出，其他人都能够做到这一点。

绝不能允许一个孩子以任何方式羞辱别的孩子。必须力求避免一切建立在幸运的优势之上的骄傲。但同时，人们也必须力图在孩子们那里营造出坦率正直的风气。它是一种对自己的谦逊的自信。由此人处于这样的位置，能够恰如其分地展现自己的所有才能。必须仔细把它与狂妄无知区别开来，后者是因为对别人的评判满不在乎。

[9:492]

人的一切欲望要么是形式的（自由和能力），要么是质料的（关乎一个客体），即对妄想或者享受的欲望，或者最后，这两者作为幸福的要素而与它们的纯然的延续相关联。

前一种类型的欲望是荣誉欲、统治欲和占有欲；第二种欲望是对性（肉欲）、器物（舒适）或者社交（娱乐的品味）的享受。最后，第三种欲望是爱，对生活、对健康、对安逸（在未来是对无忧无虑）的爱。

而恶习则有邪恶的恶习、卑鄙的恶习和狭隘的恶习。属于第一种的有嫉妒、忘恩负义和幸灾乐祸；属于第二种的有不公正、不诚实（虚伪）和耍流氓（Lüderlichkeit），要么在滥用财产上，要么在滥用健康上（无节制），要么在滥用名誉上耍流氓。第三种恶习是冷酷无情、吝啬和懒惰（疲软）。

德行（Tugend）则要么是**有功劳的**德行，要么是仅仅**尽责的**德行，要么是**无辜的**德行。属于第一种的有慷慨大度（通过战胜自我，既在报复欲方面，也在安逸方面，还在占有欲方面战胜自我）、乐善好施和自我克制。属于第二种的有正直、合规矩与心平气和；最后，属于第三种的是诚实、检点和知足。

但是，人就自然本性来说在道德上是善的还是恶的呢？都不是，因为他就自然本性来说根本不是一个道德的存在者；只有当他的理性把自己提高到义务和法则的概念上时，他才成为一个道德存在者。然而人们可以说，他在自身中本源地具有诱发一切恶习的冲动，因为他有爱好和刺激他的本能，哪怕理性同时把他推向对立的一方。因此，他只有通过德行，因而从自我强制出发，才能在道德上是善的，尽管在没有诱惑的情况下他可以是无辜的。

恶习多半产生于文明状态对自然本性的施暴，但从作为动物的粗疏自然状态中走出来，毕竟是我们作为人的使命。完善的艺术又成了自然。

在教育方面一切的依据都在于，人们在各方面都要树立正确的根基，并使它们能为孩子们理解和接受。孩子们必须学会以对恶心的事和荒唐的事的厌恶来取代对仇恨的厌恶；让内在的敬畏取代外在的在人和神的惩罚面前的恐惧；让自重和内在尊严取代人们的意见，——让行动和行为的内在价值取代言辞和内心激动，让知性取代情感，——让好脾气的欢乐和虔诚取代愁眉苦脸的、忐忑不安的和阴郁的默祷。

但是首要的事情是，必须防止孩子们过分看重 merita fortunae

[9:493]

（幸运的价值）。

────────

　　就孩子们在宗教方面的教育而言，问题首先是：早早地教孩子们宗教概念是否合适？在教育学中对此有许多争论。宗教概念总是以某种神学为前提的。那么，对于尚不了解世界、尚不了解自身的青少年来说，难道能够教给他们一种神学吗？难道尚不了解义务的青少年能够理解一种直接对上帝的义务吗？可以肯定的是，如果孩子们都不曾旁观到崇拜最高存在者的任何行动，甚至连上帝的名号都没有听说过，这是合适的，那么合乎事物秩序的就会是，首先把他们引向那些目的，引向那种适合于人的东西，磨砺他们的判断力，使他们了解自然作品的秩序和美，然后再加上对宇宙结构的更广阔的知识，在这之后才向他们展示一个最高存在者、一个立法者的概念。但是，由于按照我们目前的状况这是不可能的，所以，如果人们想晚点才教给他们某种关于上帝的事情，他们却还是会听到人们称呼上帝的名号，旁观到对上帝的所谓侍奉，这就会使他们要么产生漠不关心的态度，要么产生一些错误的概念，例如对上帝威力的恐惧。但由于现在必须担忧的是，这种恐惧有可能会在孩子们的想象中安营扎寨，所以为了避免这种恐惧，人们就必须早点尝试把宗教的概念教给他们。然而，必须不用死记硬背的方式，不单靠模仿和只会有样学样的方式，相反，人们选取的必须永远是合乎自然的方式。即便没有关于义务、责任、好的或者坏的举止的抽象概念，孩子们也将会看出有一种义务法则是现成的，而规定这种义务的不应当是舒适、用处以及诸如此类的东西，而应当是某种普遍的东西，它是不以人的随心所欲的脾气为转移的。但教师自己必须要形成这个概念。 [9:494]

人们必须首先把一切归因于自然，然后把自然本身归因于上帝，例如，一切东西首先都是为了各物种的保存及其平衡，但长远地看，同时也是为了人，他借此为自己谋幸福。

上帝的概念最好可以先与抚育我们的父亲的概念相类比来说明，这样一来就可以非常有利地暗示出人们如同在一个家庭中那样的统一性。

但宗教究竟是什么呢？宗教就是我们心中的法则，只是这法则通过高于我们的一位立法者和法官而得到强调罢了；宗教是一种被运用于对上帝的知识的道德学。如果不把宗教与道德性结合起来，宗教就成了只是邀宠而已。唱赞美诗、祷告、去教堂，应当给人们带来的只是改善的新力量、新勇气，或者说应当表达出一颗被义务表象振奋的心。它们只是善功的准备，但本身还不是善功，人们只能通过成为一个更好的人来使最高的存在者喜悦，别无他途。

人们必须首先从孩子自身所具有的法则着手。一个人如果带有恶习，他对他自己来说就是值得鄙视的。这是建立在他自己心中的根据上的，他并非因为上帝禁止恶才是值得鄙视的。因为立法者（Gesetzgeber）不必同时也是这种法则的原创者（Urheber）。所以，一个王侯可以在自己的领地上禁止偷窃，但他并不因此就可以被称为偷窃禁令的原创者。由此人所学会并理解的是，唯有他的善行才会使他配享幸福。神法（göttliche Gesetz）必须同时也显现为自然法（Naturgezetz），因为它不是任意的。所以宗教是一切道德性所需要的。

但是，人们必定不能从神学开始。仅仅建立在神学之上的宗教，绝不可能包含什么道德的东西。人们在神学中所得到的一方面只是恐惧，另一方面是寻求回报的意图和意向，而这就只适合于充当一种迷信的崇拜。因此，道德性必须先行，神学跟随其后，这才叫作宗教。

我们内心的法则叫作良知（Gewissen）。良知真正说来就是用我们的行动践履这种法则。如果人们不把良知设想为上帝的这样一位代表——他把自己的崇高席位置于我们之上，但也在我们心中设置了一个法官席位——那么良知的谴责就会是无效的。如果宗教不结合道德良知，它就不起作用。没有道德良知的宗教就是迷信的侍奉。例如，在赞美上帝，颂扬他的威力和他的智慧时，人们想要侍奉上帝，并没有想到要如何履行神的法则，甚至从来不去认识他的威力和智慧等并探究他。这些赞颂对这类人的良知来说是一剂鸦片，是良知可以在上面安心沉睡的软垫。

孩子们不可能掌握所有的宗教概念，但尽管如此，有些宗教概念人们还是有必要教给他们；只是这些宗教概念必须更多地是否定性的，而不是肯定性的。——让孩子们诵经般地背教条是毫无益处的，只会使他们对虔敬产生一种错误的概念。对上帝的真正敬拜在于按照上帝的意志行事，这是人们必须教给孩子们的。人们不论在孩子们那里还是在自己这里都必须注意，不能老是滥用上帝的名号。如果人们在祈福时用上帝的名号，哪怕怀着虔诚的意图，同样也是一种滥用。上帝的概念应当使人在每次说出其名号时充满敬畏，因此人应当对它罕有使用，且绝不可轻浮地使用。孩子必须学会去感受对上帝的敬畏：首先，作为对生命和整个世界之主宰的敬畏；其次，作为对人类的维护者的敬畏；最后，作为对人类的法官的敬畏。据说，**牛顿**每当说出上帝的名号时，都要停顿一会儿，并略加思索。

通过对上帝和义务的概念做相互一致的澄清，孩子就学会更好地尊敬神对被造物的保佑，并由此而防止了破坏和残忍的倾向，这种倾向如此经常地在折磨小动物时表现出来。同时，人们也应当指导青少年揭示恶中的善，例如食肉动物、昆虫是洁净和勤奋的榜样。恶人激发出了法律。捕捉虫子的鸟是园林的保卫者，如此等等。 [9:496]

因此，必须教给孩子们一些关于最高存在者的概念，以便当他们看到别人做祷告等的时候，就必定能够知道这是在向谁祷告，以及为什么祷告。但是，这些概念必须为数不多，而且如前面所说，只能是否定性的。不过，人们必须从幼年起就已经开始教他们这些概念，但同时要注意，让他们不要按照自己的宗教习惯来评价他人，因为尽管各种宗教互不相同，却毕竟到处都有宗教的一致性。

现在，在结束的时候，我们还想在这里提供一些说明，它们尤

其应该为少年在进入青春期时所遵循。在这个时期,少年开始做出某些他此前不可能做出的区分。也就是说,**首先**是性的区别。自然在这上面覆盖上了某种神秘的面纱,就好像这是某种对人来说不完全体面的事,是人身上单纯的动物性需求似的。但是,自然所寻求的是把这件事情与所有种类的、只要是可能的德性结合起来。[1] 甚至野蛮民族在这方面也表现出某种羞耻和矜持。孩子们时不时会向大人就此提出好奇的问题,例如:孩子是从哪里来的?但是,如果人们要么给他们一些毫无道理的荒唐的回答,要么以"这是幼稚的问题"这种回答打发他们,他们也很容易得到满足。

在青年人身上,这样一些爱好的发展是机械性的,这里的情况与所有的本能都是一样的,即它们自行发展起来,甚至都不知道一个对象。因此,不可能让青年人在这里保持无知状态,并保持与无知相结合的天真状态。人们通过沉默只会使坏事变得更加糟糕。从我们先辈的教育中所看到的就是这种情况。在近代的教育中,人们正确地认定,必须不加掩饰地、清楚明白地、确定地与青年人谈论这件事。这当然是一个敏感的话题,因为人们并不乐意把它当作公

---

[1] 西塞罗已经对这方面做出了绝妙的说明:Principio corporis nostri magnam natura ipsa videtur habuisse rationem: quae formam nostram reliquamque figuram, in qua esset species honesta, eam posuit in promptu: quae partes autem corporis, ad naturae necessitatem datae, adspectum essent deformem habiturae atque turpem, eas contexit atque abdidit. Hanc naturae tam diligentem fabficam imitata est hominum verecundia. 等等。[**在我们身体的原则上,自然显得有重大的安排:它把我们的体形和仪表堂堂的脸所在的其他体位露出来,却把身体的那些为自然需要而被赋予的、看起来形象丑陋不雅的部分聚在一起,遮盖起来。人的害羞就是在模仿自然的如此精心的设计。**]我很乐意在这里抄下这整段妙语,但篇幅禁止我这样做,为此我不得不请每个人自己去查阅:《论责任》,第1卷,第35节。——林克注 [译者按:注中拉丁文的译文直接使用了李秋零译本中的译文。]

开谈论的对象。不过，通过人们正经严肃地谈论它，并且同情青年人的这些爱好，一切都能很好地得到解决。[1]

通常13岁或者14岁是少年发展出对性的爱好的时间点（如果它发生得更早，则必定是孩子受到了引诱和坏榜样的败坏）。然后他们的判断力也已经得到培养，而自然在这时也已经使他们做好了准备，人们能够与他们谈这件事了。

没有什么比那种针对自己本身的肉欲[2]更削弱人的精神和肉体的了，而且它是完全违背人的本性的。但即便是这种事情，人们也不必对青年人遮遮掩掩。必须向他展示它的全部令人厌恶之处，告诉他这样做将使自己不利于人类的繁衍，因为体力将由此遭到极大的摧残，他将由此而招致早衰，而他的精神将大大受损，等等。[3]

人们可以通过持续的忙碌，通过不给卧床和睡觉以超过必要的时间来避免这方面的刺激。必须通过种种忙碌把这方面的想法从思想中打消，因为哪怕只是保留在幻想中的对象，毕竟也侵蚀着生命力。如果人们把自己的爱好指向异性，则总还会遇到一些阻力；但如果将它指向自身，则人们随时都能满足它。这对身体的影响是极为有害的，而在道德性方面的后果则更为严重。人们在这里跨越了自然的界限，而且这种爱好会不受阻碍地蔓延下去，因为

[9:498]

---

[1] 对此请特别参看**萨尔茨曼**（Salzmann）：《论青少年的隐秘罪过》。——林克注

[2] 指自慰。——译者注

[3] 除了上面引用的书，请参见迪索特（Tissot）所著的《卡姆佩对整个学校体制和教育体制的修正》等书。——林克注

并没有发生现实的满足。对于已是成人的青年，教师们提出的问题是：是否应该允许一个青年与异性发生关系？如果二者必择其一，那么后面这种情况当然要好一些。在前面那种［手淫的］情况下，他的行动是违悖自然的，而后面这种情况则不然。自然召唤他一旦成熟就要成为男人，并因此也要繁衍自己的物种；但在一个文明国家中，人所必然具有的种种需求却使他在这时总是还不可能教育自己的孩子。因此，他在这里所犯的是有违公民秩序的错误。所以最好是让青年人等到自己能够正式结婚时才这样做，这甚至也是义务。这样他的行动就不仅像一个好人，而且像一个好公民了。[1]

青年人要尽早学会对异性怀有一种得体的敬重，反过来通过无邪的举止赢得异性的敬重，并这样来向对方争取幸福婚姻的重奖。

青年人在步入社会时开始要做的第二个区分，在于等级差别和人类不平等的知识。当他还是孩子时，根本不必让他注意到这种不平等。哪怕一次也不要允许他去使唤佣人。如果他看到父母使唤佣人，如有必要则可以对他说："我们给他们面包，为此他们服从我们，你没有这样做，因此他们也就可以不服从你。"只要父母自己不把这种妄念教给孩子们，他们对此也就一无所知。必须向青年人指出，人类的不平等是当一个人在另一个人面前追求优势时产生的一种机制。尽管有市民社会的不平等，人类却是平等的，可以

---

[1] 但是，感性爱好在异性那里糊里糊涂的满足也损害健康，撩拨起想象力，扰乱合目的的事务，并损害道德性。与此相反，少男少女在未被亵渎的胸中所怀有的爱情的纯洁意义则保护着贞洁，提升着心灵，是对改善的促进。——康德原注

把这种意识逐步地教给他。

必须使青年人看到，他应绝对地依其自身而不是依据他人来评价自己。在完全不构成人的价值的事情上羡慕别人，只是虚荣而已。此外，人们也必须提示他在一切事情上认真负责[1]，而且他 [9:499] 也不只是在其中出现而已，而是努力使一切存在。必须使他注意到，凡是他自己深思熟虑做出了一个决定，他就不要中断它，使它成为空头决定；必须宁可不做决定，也不让事情存疑；——注意对外部环境知足，在工作中任劳任怨：sustine et abstine［忍耐并且克制］；——在娱乐中也要知足。如果一个人不仅追求娱乐，而且愿意在工作时任劳任怨，那么他就成了共同体的一个有用成员，而且不至于陷入无聊。

此外，必须提示青年人要轻松愉快，有好的心境。心情的轻松愉快源于对自己无所愧疚；——要守静抱一。人们可以通过练习来做到的是：使自己总是成为社交活动的快乐的参与者。

要注意把许多事情总是视同义务。一个行动之所以必然对我有价值，不是因为它合乎我的爱好，而是因为我通过它履行了自己的义务。

对别人要有博爱之心，然后还要有世界公民的情怀（weltbürgerliche Gesinnungen）。在我们的心灵中有某种东西使我们产生关切：(1) 我们自己；(2) 我们与之共同成长起来的他人；然后还有一种关切必须是 (3) 世上至善（Weltbeste）。必须让孩子们熟悉这种关

---

[1] 认真负责（Gewissenhaftigkeit），字面意思为"凭良心办事"。——译者注

切，以便他们可使自己的灵魂热衷于此。他们必须对这种世上至善感到高兴，即使这对他们的祖国并无好处，或者并不是他们自己的利益。

要注意让他们对生活愉悦的享受赋予一种较低的价值。这样一来，对死亡的那种幼稚的恐惧就会消散。人们必须向青年人指出，享受并不提供预期所许诺的东西。

最后，要注意每天对自己做"结算"的必要性，以便在生命终结时，能够对自己一生的价值做出评估。

《论教育学》德汉词汇索引[1]

Anführung　引导　441，452-454，469，

Anlage　禀赋　441，443，445-448，460，480，484，

Arbeit　劳动　467，471，472，477，481，

Artigkeit　端庄　450，

Aufklärung　启蒙　450，

Ausbildung，ausgebildet　培养/被培养　441，445，446，449，456，469，470，476，477，497，

Ausnahme　例外　450，454，456，

Basedow　巴泽道　448，

Belehrung　教训　449，

Besorgung　照料　452，

Bildung　教化　441，443，445，447，452，455，464，465，469，470，477，480，481，483，486，490，

Ceremonie　繁文缛节　450，

---

[1] 本表按德文字母先后顺序排列，所标页码均为德文版《康德著作全集》第九卷页码，即本书"论教育学"部分的边码；凡有一词多译者均依次用"/"分隔开。——译者注

Charakter 品格 453，481，483-488，

Crugott 克鲁戈特 489，

Diszipling 规训 441-444，449，451-453，464，465，469，475，480，481，

dressieren 驯服 449，450，

Edukation 教育 444，

Einsicht 洞见 446，

Entwurf 筹划 444，

Ernährung 喂养 441，456，457，

Erziehung 教育 439，441-456，459，462-466，470，472，475-477，479，481，486，492，493，497，498，

Franklin 富兰克林 466，

Freiheit, frei 自由 442，443，451-455，458，459，462-465，469，470，472，485，490，492，

Gemüt 内心 461，464，466，471，472，475，477，479，493，

Geschicklichkeit 技能 449，450，453，455，466，467，468，470，475，486，

Gesetz 法则 442，452，453，481，482，492，494，495，

Gesinnung 意向 450，456，465，494，

gesittet 文明的 447，

Gewissenheit 良知 495，

die Größe 上流人物 442，444，449，

Großmut 慷慨 489，492，

Grundsatz 原理 439，445，455，

Hang 倾向 442，463，474，477，484，495，

Hofmeister 家庭教师 452，453，455，456，

Idee 理念 439，444-449，474，489，490，

Informator 传授者 452，455，

Institute 机构 452，467，

Keime 胚芽 445，448，

klug, Klugheit 明智 450，455，469，486，

Kultur 教养/文化/培育 444，446，449-454，466，470，472，475，476，480，481/447，451/466，468-470，472，474，476，477，

Kunst 艺术/技巧 439，446，447，455，467，469，492/486，

Laster 恶习 455，492，494，

Lehre 教诲 486，

Lehrling 学徒/学生 441，470/475，

Leitung 指导 452，475，476，482，483，

Lichtenberg 利希滕贝格 470，

Manieren 礼貌 450，

Mäßigkeit 中庸 486，

Maxime 准则 475，480，481，

Mitleid, mitleidig 怜悯 487，489，490，

Moral 道德学 489，494，

Moralisierung 道德陶养 450，451，470，

Moralisch, Moralität 道德的 / 道德 / 道德 446，449，452，455，469，470，475，478，480-483，488，491，492，494，495，497，

Neigung 爱好 449，472，482，483，487-489，492，496-499，

Pädagogik 教育学 439，447，455，493，

Person 人格 488，

Persönlichkeit 人格性 455，

Pflicht 义务 475，477，482，483，488-495，498，499，

Plato 柏拉图 477，

räsonierend 口头论证的 451，

Regeln 规则 441，444，448，466，472，474-477，479，481，483，

roh 赤条条地 441，444，446，451，

Rohigkeit 粗疏 442，447，458，492，

Rousseau 卢梭 442，456，461，469，

Säugling 婴儿 441，

scholastisch 学院式的 455，470，

Schöpfer 造物主 446，

Sittlichkeit 德性 449，455，486，496，

sorgen 操心 443，448，454，456，471，

Studium 学问 447，

Sympathie 同情 465，487，

Teilnehmung 缠绵 487，

Temperament 性情 484，486，487，

Tugend 德行 451，492，

Überlegung 思考能力 452，483，

Unterhaltung 供养 441，

Unterrichten 教学 474，485，

Unterweisung 教导 441-444，449-452，455，

Verbindlichkeit 责任 490，491，493，

Verpflegung 抚养 441，455，456，

Vorschrift 规范 442，451-453，

Vorsehung 天意 446，464，

Wartung 照管 441，443，

Weltbeste 福祉 448，449，

wild 野蛮 442，444，458，496，

Wildheit 野性 442，444，459，

Würde 尊严 488-490，493，

Zivilisieren 文明化 450，451，

Zögling 子弟/学生 441，445，452，453，475/443，

Zucht 训诫 441，442，485，

Zwang 强制 442，451-454，469-472，481，483，485，492，

《论教育学》汉德词汇对照表[1]

爱好	Neigung	德性	Sittlichkeit
巴泽道	Basedow	洞见	Einsicht
柏拉图	Plato	端庄	Artigkeit
被培养成	ausgebildet	恶习	Laster
禀赋	Anlage	法则	Gesetz
操心	sorgen	繁文缛节	Ceremonie
缠绵	Teilnehmung	抚养	Verpflegung
赤条条地	roh	福祉	das Weltbeste
筹划	Entwurf	富兰克林	Franklin
粗疮	Rohigkeit	供养	Unterhaltung
传授者	Informator	规范	Vorschrift
道德陶养	Moralisierung	规训	Diszipling
道德学	Moral	规则	Regeln
德行	Tugend	教导	Unterweisung

---

[1] 本表按汉语拼音先后顺序排列。——译者注

教化	Bildung	内心	Gemüt
教诲	Lehre	培养	Ausbildung
教学	Unterrichten	胚芽	Keime
教训	Belehrung	品格	Charakter
教养/文化/培育	Kultur	人格	Person
教育	Erzichung	人格性	Persönlichkeit
教育	Edukation	强制	Zwang
教育学	Pädagogik	倾向	Hang
机构	Institute	上流人物	die Größe
技能	Geschicklichkeit	思考能力	Überlegung
家庭教师	Hofmeister	天意	Vorsehung
慷慨	Großmut	同情	Sympathie
克鲁戈特	Crugott	喂养	Ernährung
口头论证的	räsonierend	文明的	gesittet
劳动	Arbeit	文明化	Zivilisieren
理念	Idee	驯服	dressieren
礼貌	Manieren	训诫	Zucht
例外	Ausnahme	学徒/学生	Lehrling
利希滕贝格	Lichtenberg	学问	Studium
良知	Gewissenheit	学院式的	scholastisch
怜悯	Mitleid	野蛮	wild
卢梭	Rousseau	野性	Wildheit
明智	klug, Klugheit	艺术/技巧	Kunst

意向	Gesinnung	照料	Besorgung
婴儿	Säugling	指导	Leitung
引导	Anführung	中庸	Mäßigkeit
原理	Grundsatz	准则	Maxime
造物主	Schöpfer	子弟	Zögling
责任	Verbindlichkeit	自由	Freiheit，frei
照管	Wartung	尊严	Würde

系科之争[1]

【德】伊曼努埃尔·康德 著
杨云飞 邓晓芒 译
邓晓芒 校

---

[1] 据《康德著作全集》(*Kants Werke*, Band I–IX, Herausgegeben von der Königlich Preußischen Akademie der Wissenschaften, Walter de Gruyter, Berlin, 1968)第七卷译出。对照了 Wilhelm Weischedel 编辑的《康德六卷本著作集》(*Immanuel Knat Werke in SechsBäden*, Insel Verlag, 1964)第六卷。参考了英译剑桥版康德文集《宗教和理性神学》(*Religion and Rational Theology*, trans. and ed. By Allen Wood and George Di Giovanni, Cambridge University Press, 1996)和李秋零中译本《康德著作全集》第7卷(中国人民大学出版社,2008年),其中第二篇的翻译还参考过何兆武先生翻译的《历史理性批判文集》(商务印书馆,1996年)和李明辉翻译的《康德历史哲学文集》(台北联经出版公司,2013年)。——译者注

献　　辞

献给哥廷根的卡尔·弗里德里希·施陶德林博士和教授先生

作者敬献

前　言 [7:5]

　　一个开明的、为人类精神解除枷锁的，并且正是由于这种思想自由而能够造成更加心甘情愿的服从的政府，现在允许当前这些文稿出版，——这些文稿同时也就能够对作者所享有的这种自由承担这样的责任，即首先对在这些事情的变迁中涉及作者本人的事情做一番简短的往事叙述。

　　国王弗里德里希·威廉二世——一位勇敢、正直、仁爱的和（撇开某些脾气秉性不说）十分卓越的统治者，他也认识我本人，并时不时地表现出对我的恩典——在一位神职人员的鼓动下，于1788年颁布了一道**宗教敕令**，紧接着又颁布了一道严格限制一般著述活动的，因而比前一道更厉害的审查敕令，——这位神职人员后来被擢升为宗教事务大臣[1]，平心而论，人们有理由加给他的也只不过是基于他的内在信念而以为是好的意图。人们不能否认：先行于后来发生的那场突发事件[2]的某些征兆，曾使政府不得不接

---

[1] 指的是沃尔纳（Johann Christoph Wöllner, 1732—1800），曾任普鲁士教育和宗教事务大臣，即下文信件的签发者。——译者注

[2] 指1789年的法国大革命。——译者注

受了在那个行当中进行一场必要改革的建议；这曾经是能够以平静的方式通过对未来官方的民众导师进行学术讲授而做到的；因为这些人作为年轻的神职人员，曾以这样的腔调来为布道宣讲定调：凡是懂得诙谐的人都将不能通过**这样的**导师而皈依。

[7:6]　　就在这个宗教敕令无论对本土的还是对域外的作家都产生强烈影响的时候，我的题为"纯然理性界限内的宗教"的论著也面世了[1]，而且为了不被指控有任何见不得人的行径，我在自己所有的作品前面都署上了我的名字，于是在1794年就有了下面这道国王向**我**发出的批示；关于这道批示，值得说明的是，由于我只是让我最信任的朋友[2]知道过它的存在，所以它到现在为止从来都没有被公开过。

蒙上帝恩典的普鲁士国王弗里德里希·威廉　（等等[3]）

　　首先致以我们友善的问候。尊敬的、学识渊博的、亲爱的至友！我们至尊的那一位很久以来就已经极为不悦地看到：您是如何滥用您的哲学来歪曲和贬损《圣经》和基督教的一些主要的和基本的教义的；尤其是您如何在您的《纯然理性界限内的宗教》一书

---

[1] 这个书名是有意这样安排的，为的是人们不把这部论著理解为好像它的意思是**出自**纯然理性（无须启示）的宗教，那就太过于僭妄了：因为毕竟有可能，宗教的学说起源于受到超自然灵感激发的人们；相反，我想做的只是把那种可以在被相信是启示宗教的文本即《圣经》中认识到的东西，也就是可以**凭借纯然理性**认识到的东西，在这里以某种关联表现出来。——康德原注

[2] 按照剑桥版英译本的注释，这里所说的最信任的朋友指的是康德后来的传记作者瓦辛斯基（Andreas Christoph Wasianski），康德与他从1790年起交往密切。——译者注

[3] 此处以及下面康德答复的开头都省略掉了官方文件的文牍格式。——译者注

和类似的其他短篇论文中做这件事的。我们误以为您会有所改善；因为您必定自己已看出，您这样做是如何不负责任地违背了您作为青年导师的义务，违背了您非常清楚地知道的君王的意图。我们要求您最快地做出最认真负责的答辩，并且期望您为了避免失去我们的最高宠信，将来不要再犯任何类似的过错，而是要按照您的义务，运用您的威望和才能，越来越多地实现我们君王的意图；否则，您因顽固不化肯定会等来令人不快的处分。

祝您蒙恩

柏林，1794年10月1日

奉国王陛下最为仁慈之特别命令

沃尔纳

从外地——给我们尊敬的和学识渊博的教授，也是亲爱的和忠实的　康德 [7:7]

发往

　　普鲁士　哥尼斯堡

送达日　1794年10月12日

对此，我这方面做了如下最为恭顺的答复。

最为仁慈的（等等）

至高无上的国王陛下，您于今年10月1日向我发出并于12日送达的命令，要求我承担如下最谦卑的义务：**第一**，"由于我滥用自己的哲学，特别是在我的《纯然理性限度内的宗教》一书中和类似的其他短篇论文中，歪曲和贬损了《圣经》和基督教的一些主要的和基本的教义，并因此而犯下了背离自己作为青年导师的义务和违反自己非常清楚地知道的君王的最高意图之过错，所以，我必须做出最认真负责的答辩"。第二，"将来不得再犯类似的过错"。——有关这两点，在向国王陛下所呈献的如下解释中都不缺乏我最为恭顺的服从的证明。

就**第一点**，亦即对我提出的指控而言，我的最认真负责的答辩如下：

我作为**青年导师**，也就是说，如我所理解的那样，在大学学术讲演中从未掺入过对《圣经》和基督教的评判，也不可能掺入这样的评判。唯一会与这样一种讲演有些关系的、被我当作基础的**鲍姆加登**的几本手册，就已经可以证明这一点：因为这些手册中就连有关《圣经》和基督教的一个标题都不包含，而且作为纯然哲学，也不可能包含这些东西，况且，那种逾越一门既定的科学的界限或者让这些科学彼此交叉的错误，是我在任何时候都加以谴责并随时警惕的，所以是最不能用来责备我的。

[7:8]　作为**民众导师**，我也绝没有在作品中，特别是在《纯然理性界限内的宗教》一书中，违背我所知道的**君王的**至高无上的意图，也就是说，绝没有破坏公共的**国家宗教**；足以澄清这一点的是：那本书根本不适合用于做这件事，毋宁说，它对公众意味着一本难以理解的、无法入门的书，因而只是专业学者之间的一种研讨，民众对

它毫不在意，但就这种研讨而言，各系科[1]自身仍然可以自由地根据自己的最佳知识和良知公开地做出判断，而只有那些被任命的民众导师（在学校里和布道坛上）才在这些研讨的结果方面，受国家当局批准其中哪些内容适合公开宣讲的束缚，确切地说，这是因为国家当局也不是**自己**构想出其自身的宗教信仰，而是只能沿着这样的一条道路，即由有资格的系科（神学系和哲学系）检查和校正过的道路，才能传承这种信仰，因而国家当局不仅要允许这些系科，而且甚至有理由要求这些系科，通过自己的作品，使政府认识到它们所认为的、对一种公共的国家宗教有益的一切东西。

在上述那本书里，由于它完全不包含对基督教的任何**评价**，所以也不能说我犯了**贬低**基督教的过错，因为那本书其实只包含了对自然宗教的评价。唯一能够造成这种误解的原因，是我为了证实宗教的某些纯粹的理性原理而引用了《圣经》中的一些内容。但是，已故的**米夏埃利斯**[2]在自己的哲学的道德学（in seiner philosophischen Moral）中正是如此行事的，他在这个问题上已经宣称，他这样做既不想把《圣经》上的东西引入哲学，也不想从《圣经》中引出某种哲学的东西，而只是要通过与他人（也许是诗人和演说家）判断的真正的或者被认为的一致，来阐明和确认他自己的理性定理。——但是，当理性在这里这样说，似乎它独自就是

---

[1] 各系科，原文为Fakultäten，亦可译作"各学科"。但本书主要从大学各系的划分来讨论学科的关系，因此Fakultät全部译作"系科"，特指某系如神学系、哲学系、医学系时则简化为"系"。——译者注

[2] 米夏埃利斯（Johann David Michaelis, 1717—1791），哥廷根大学神学教授，其遗著《道德学》由施陶德林于1792年编辑出版。——译者注

充足的，因而启示学说是多余的时（这说法，假如想要从客观上来加以理解，确实不能不被视为对基督教的贬低），那也不是别的，无非是表达了对理性自身的评价；不是按照它的能力，而是按照它规定要做的事情，就唯独从理性中才能产生出信仰原理的**普遍性**、[7:9] **单一性**和**必然性**而言，这些原理构成了一般宗教的本质，这本质就在于道德——实践（即我们**应当**做的事情），与此相反，那些我们以历史的证据为理由而信仰的东西（因为在此不适合用任何**应当**），亦即本身作为偶然的信仰学说（Glaubenslehre）[1] 的启示，则被视为本质之外的，但还并不因此就被视为不必要的和多余的，因为启示有助于对纯粹的理性信仰自己并不否认的**理论上的**不足——例如在恶的起源、从恶向善的转变、人处在后一种状态之中的确定性等诸如此类的问题上——做出有益的补充，即对理性根据时代状况和人格的差异性而产生的某种需要的满足或多或少地做出贡献。

此外，我还通过上述那本书中的解释证明了我对基督教中的《圣经》信仰学说的崇高敬意，《圣经》在其中被我赞美为现有最好的、适宜于永久地建立和维护一个真正改善灵魂的国家宗教的、进行公共宗教教导的引导手段，因而就连针对学校里、布道坛上或者大众读物中的那些理论性的、包含奥秘的圣经学说（因为在各系科中这是必须被允许的）所采取的过分态度，所激起的对它们的反对和怀疑，也受到我的谴责，被我宣称为胡作非为；但这还不是对基督教的最崇高敬意的表现。因为这本书里所展现的基督教与最

---

[1] 德文 Lehre 有"学说""原理""教义"等含义，这里涉及理性时译作"原理"，其他情况下多译作"学说"。——译者注

纯粹的道德理性信仰的一致性，才是对基督教的最好、最持久的颂词，因为正是由于这种一致性，而不是由于历史的博学，如此频繁地蜕化变质的基督教才被一再重建，而且，在未来遇到难以避免的类似命运时，也只有这样才能够继续得到重建。

最后，我时时刻刻地并且优先地建议其他信徒要凭良心、襟怀坦荡，不再对这一点做预先规定并且当作信条强加于人，而只是由他们自己来确定这一点，同样，我也在撰写文章时，任何时候都想象我心中的这位法官就站在我的身旁，以使我不仅远离每一种败坏灵魂的错误，甚至也远离任何引起反感的表达上的不谨慎；也因为我现在已经71岁，在这个年龄很容易产生的想法是：我可能很快就必须到一位作为知人心者的世界法官[1]面前去为这一切做出辩解，能够坦然地呈递上当前这份由于我的学说而被要求做出的完全**凭良心**（Gewissenhaftigkeit）撰写的答辩了。 [7:10]

至于第二点，即我将来不得再犯这类（被指控的）歪曲和贬低基督教的过错：为了防止哪怕是丝毫的嫌疑，我认为最保险的就是，作为**国王陛下您最忠实的臣民**[2]，我在此最郑重地宣布：今后，我将完全放弃一切涉及宗教的公开宣讲，无论是关于自然宗教，还是关于启示宗教，无论是在讲课中，还是在著述中。

不胜谦恭惶悚之至云云。

---

[1] 指上帝。——译者注

[2] 我也是小心地挑选了这一表述，以便我不是**永远地**，而是仅仅在这位国王陛下的有生之年，放弃我在这种宗教案例上做出判断的自由。——康德原注

接下来是不断地导向一种愈加远离理性的信仰，这段往事是众所周知的。

教会职位候选人的考试当时被委托给了一个**信仰委员会**，该委员会以虔敬派格式的一个 Schema Examinationis [考试大纲] 为基础，它把有良知的神学候选人一群群地从教会职位上吓跑了，并使法学系人满为患：这是一种偶尔也可能附带有自己的好处的迁移。——如果要对这个委员会的精神给出一个简明的概念，那就是：按照一种必须先行于蒙恩得赦免的悔过的要求，还要求有一种更深的忏悔的**忧伤**（maeror animi [心灵的哀伤]），而对这种忧伤则追问道，人是否也能够给自己造成这种忧伤。回答是：Quod negandum ac pernegandum [对此加以否定和坚决否定]；充满忏悔的罪人必须特别为自己向上天祈求这种忏悔。——于是显而易见，那还需要（为其过犯）祈求忏悔的人，并不是真的对其行为感到忏悔；这看起来如此自相矛盾，正如人们关于**祷告**所说的：它如果要被听取，就必须是在信仰中进行的。因为，如果祷告者有信仰，他就不需要为此祈求；但如果他没有信仰，他的祈求就不可能被听取。

————

[7:11] 这场胡作非为从现在起已得到了控制。这是因为，不仅对于一般共同体（对它来说宗教是国家最重要的需求）的公民福祉，而且特别是对于（通过设立一个高等教育委员会来促进其发展的）科学的利益来说，最近发生了一件幸事，即一个贤明的政府选择了一位

开明的政治家[1]，他不是由于对科学的一个特殊专业（神学）的片面偏爱，而是出于对整个教师阶层的广泛利益的考虑，而具备促进这一使命的才能和意志，并将面对蒙昧主义者的一切新的进攻来确保各门科学领域里的文化进步。

* * *

这里在"系科之争"这个总标题下出版的，是我出于不同的意图，也是在不同的时期撰写的三篇文章，但它们仍然具有适合于结合在一部著作中的那种系统的统一性；我只是后来才发现，它们作为**下层**系科与三个**上层**系科之间的争执，（为了避免分散）可以很恰当地集中放在同一册书中。[2]

---

[1] 据剑桥版英译本的注释，应指马绍（Eberhard Julius von Massow），新任命的司法大臣，负责教会与学校事务的国家部门的首脑，普鲁士境内大学的总学监，与康德认识。——译者注

[2] 德文版页码在此页和 [7:17] 之间插入了目录。——译者注

第一篇 哲学系与神学系的争执

导　论　　　　　　　　　　[7:17]

有人第一次想到**像工厂那样**，通过劳动分工来处理学术（其实就是投身于学术的那些思想者）的全部总和，并建议把这种想法公开地付诸实施，这并不是一个糟糕的想法；在这里，科学的专业有多少，就要任命多少公共教师，即**教授**，来作为这些专业的受托人，这些人共同构成一种拥有自治权的（因为只有学者才能对学者自身做出判断）学者共同体，即所谓的**大学**（或者高等学校）；大学因此被授权通过自己的**系科**[1]（较小的、按照学术的主要专业的差异而各不相同的社团，大学学者们分属其中），一方面接收从低等学校努力升上来的学生，另一方面也出于自身的权力，依据先行的

---

[1] 这些系科各自拥有自己的主任 [译者按：主任，即 Dekan，来自拉丁文 decanus，原指军团中的十夫长] 来作为该系科的管理者。这个称号借自星象学，原指主管黄道某宫（30度）的三个星神中的一个，其中每个星神掌管10度；它先是从星宿被引入军营（ab astris ad castra [从星宿到军营]），参见萨尔马修斯 [译者按：按照剑桥版英译本的注释，萨尔马修斯（Claudius Salmasius, 1588—1655）是法国历史学家和法学家，1648年出版了《论运年和古代天文学》] 的 *De annis climacteriis* [《论运年》] 第561页，最后甚至被引入大学；但在这里毕竟不是恰好有中10这个数字（10位教授）。人们不能责怪这些学者，说他们对所有名号几乎都念念不忘，这些现在被政府官员拿来装饰自己的荣誉称号都是他们首先想出来的。——康德原注

考试把一种每个人都承认的头衔授予被称为**博士**的、自由的（不构成该社团成员的）教师们（给他们授予某种学位），也就是说，被授权**造就**他们。

[7:18]　　除了这些**行内**的学者之外，还可能有一些**行外**的学者，他们不属于**大学**，而是由于只研讨学术的浩大整体的一个部分，要么构成某些自由的协会（所谓的**科学院**，又叫作**科学联合会**）来作为同样多的一些工作室，要么像是生活在学术的自然状态中，每个人作为**爱好者**独自地、无须官方的规范和规则，从事着学术的扩展和传播。

还必须把一些**文人**（受过高等教育者）与真正的学者区分开来，这些文人作为政府的工具，被政府为了自己特有的目的（并非恰好为了科学的利益）而委派一个职位，他们虽然必须在大学里完成自己的学业，然而也可能把学过的许多（关于理论的）东西都忘掉了，因为他们只需从中保留掌管一个公职所需要的那么多东西——这种东西按照其基本原理来说只能出自学者——也就是他们只需从中保留其职位的规章方面的经验性的（从而涉及实践的）知识；所以，人们可以把这些文人称为**学术的从业人员**或者技术员。这些人，由于他们作为政府的工具（神职人员、司法人员和医生）对公众有合法的影响力，并构成一个特殊的文人阶级，他们不是自由地出于自己的智慧，而只是在各系科的审查之下公开地运用学术，所以就必须由政府来严格督察，以免他们对本应属于各系科的裁决权不上心，因为他们直接面对由群氓构成的民众（犹如牧师面对俗众），虽然他们在自己的专业里不具有立法的权力，却部分地拥有执行的权力。

导论

各系科的一般划分

按照通行的做法,各系科被划分为两个等级(Klassen),即**三个上层系科**的等级和**一个下层系科**的等级。显然,这种划分和称谓不是根据学者的立场,而是由政府来定的。因为被算作上层等级的只是那些系科,其学说是否具有这样那样的性质或者是否应当公开宣讲都是政府本身所关切的;与此相反,那种只想关照科学的兴趣的系科,则被称为下层的,因为它可以坚持自己认为好的任何命题。但政府所关切的最大多数却是它借以使自己对民众产生最有力和最持久的影响的东西,这类东西就是各上层系科的研究对象。因此,政府为自己保留了**批准**上层系科本身的学说之权利;它把下层系科的学说之认可留给有学问的民众自己的理性。——但是,即便它认可学说,它(政府)也不是自己去**教授**它们;而只是想让某些学说被各门系科在其**公开宣讲**中采纳,而与之相对立的学说则应当被排除在外。亦即,它并不教授,而只是命令那些教书的人(至于真理方面的情况则听凭自便),因为这些人在接手自己的职位[1]时就已经通过与政府的契约同意了这一点。——如果一个

[7:19]

---

[1] 人们必须承认,英国议会的原理是:要把在位国王的话看作其大臣的一个作品(因为国王要是被指控有错、无知或者欺骗,就会有悖于一个君主的尊严,但国会仍然必须有权对其讲话内容做出判断、审查和驳斥),照我说,这个原理构思得非常巧妙和正确。就连对政府专门批准公开宣讲的某些学说的选择,也正好必须这样留给学者们来审查,因为这种选择必须不是被看作君主的产物,而是被看作一个受命而为的政府官员的产物,对于这个官员,人们假定他也很可能没有正确理解甚至歪曲其主人的意志。——康德原注

政府去从事教学，进而从事科学的扩展和完善，从而想以最高人格来把自己打扮成学者，那将只会由于这种书生气十足而丧失其本应获得的敬重，而且，与民众相混同（在此是与民众的学者立场相混同）是有失自己的尊严的，民众不是好戏弄的，他们对一切涉足科学的人都一视同仁。

[7:20] 对于学者共同体来说，在大学里还绝对必须有一个在自己的学说方面独立于政府命令的系科[1]，这个系科并不发布命令，但却有自由去评判与科学的兴趣有关，亦即与真理有关的一切，在这里理性必须有权公开说话：因为没有这样一个系科的话，真理就不会大白于天下（这对政府本身是有害的），但理性按其本性是自由的，不接受任何要求其视某物为真的命令（不是 crede［你要相信］，而仅仅是一种自由的 credo［我相信］）。——但是，一个这样的系科，虽然有这种巨大的优点（自由），却仍然被称为下层系科，其原因可以在人的本性中找到，也就是说，能下命令的人，哪怕是另一个人的恭顺仆人，也觉得自己还是比一个虽自由却无人可命令的人更高贵。

---

[1] 一位法国部长召集了一批最有名望的商人，向他们征求改进商贸的意见：就好像他会懂得从这些意见中选出最好的一种似的。在这个人建议这样、那个人建议那样之后，一位一直保持沉默的老商人说：修好道路，铸好钱币，颁布一种最便利的交易法，等等，但除此之外，"让我们自己干"！［译者按：据剑桥版英译本的注释，这个故事说到的官员是科尔贝（Colbert），法国路易十四时代主管经济的大臣，重商主义政策的推进者，著名的"自由放任（laissez faire）"的说法据说就出自他。"自由放任"也就是这里所说的"让我们自己干"。］如果政府就它一般给学者们规定的那些学说来咨询哲学系，哲学系将给出的回答大概会是一样的：不要阻碍洞见和科学的进步就行。——康德原注

第一章　各系科的关系 [7:21]

第一节　上层系科的概念和划分

人们可以假定，如果一切人为的体制都以一个理性理念（比如关于一个政府的理念）为基础，而这个理念应当在一个经验的对象（比如目前的整个学术领域就是这样的对象）上实际地证明自身，那么，这些体制就不是仅仅通过偶然搜集和任意编排所呈现出来的情况，而是根据某个哪怕只是模糊地存在于理性之中的原则和以之为基础的计划来试着建立的，这个计划就使得某种划分成为必要。

出于这一理由，人们可以假定，一所大学在其各班级（Klassen）和各系科的组织方面并不完全取决于偶然，相反，无须颂扬政府具有先见之明和学问，而是它单凭自身所感觉到的需要（借助于特定的学说来影响民众）就已经能够先天地达到一个通常显得源于经验的划分原则，该原则与现今所采用的原则恰好一致：不过我并不想因此为政府说话，就好像它毫无差错似的。

那些能被政府用于自己的目的（对民众施加影响）的动机，按照理性（亦即在客观上）将处于如下的秩序中：首先是每一个人的**永恒**的福祉，然后是作为社会成员的**公民**的福祉，最后是**身体**的福

[7:22] 祉（长寿和健康）。通过**第一个**方面的公开学说，政府自身就能够对臣民们的内心思想和最隐秘的诉求（Willensmeinungen）产生极大的影响，它能够揭示前者，引导后者；通过与**第二个**方面相关的公开学说，它能够将臣民们的外部行为举止置于公共法律的管束之下；通过**第三个**方面的公开学说，它能够保障强壮而又人数众多的民众的生存，而且它发现这样的民众可以为自己所用。——因此，按照**理性**，在上层系科中间就会出现通常所采用的那种等级秩序；也就是说，首先是**神学系**，其次是**法学系**，最后是**医学系**。与此相反，按照**自然本能**，医生对人来说就是最为重要的人物，因为医生延续他的**生命**；接下来首先是法律专家，法律专家承诺维护人的偶然的**所有物**；而尽管事关永福（Seligkeit），人也只是到了最后（几乎是到了死亡来临的时候）才去找神职人员；毕竟就连神职人员自己，无论他怎样颂扬来世的永远幸福（Glückseligkeit），也都因为眼下看不到这种幸福的任何迹象，而总是热切地期望医生能让他在这个尘世中再维持一段时间。

＊　＊　＊

所有这三个上层系科都把政府委托给它们的学说建立在**典籍**[1]之上，在一种由学问来引领民众的状态中也只能是这般情形，因为没有这种典籍，就不会有任何稳定的、可以被每一个人接受的、能

---

[1] 原文为 Schrift，指宗教、法律和医疗诸方面的经典、法规等，常由官方认可与发布，可用来规范人们的行为，不同于一般的书籍。——译者注

够按其行事的规范了；不言自明的是，这样一种典籍（或者书籍）必定包含着**规章**，即出自一个在上者的任意（Willkür）的（本身并非从理性中产生出来的）学说；因为否则，这种典籍就不能作为由政府批准的而要求绝对服从的了；这也适用于那些本身作为必须公开宣讲的学说的法典（Gesetzbuch），这些学说同时也能够从**理性**中推导出来，但那法典却并不顾及理性的威望，而是建立在某个外在的立法者的命令的基础上。——那些为了普通人（学者和非学者）更易于领会概念和更可靠地应用而由各系科撰写的、作为（被以为是）法典精神的完备提要的书，例如那些**信条性质的书**（die symbolische Bücher），与作为元典的法典是完全不同的。它们只能要求被视为方便人们理解法典的**工具**，而且根本没有任何权威性；即便是某一特定专业最出色的学者们一致同意以这样一本书来取代他们系科的规范（Norm）也不行，对此他们根本没有权限，相反，他们只能把它作为教学方法暂时地引入，但这种方法仍然是依时代环境而变化的，并且一般来说也只能涉及宣讲的形式，而在立法的内容方面绝无任何重要性。 [7:23]

因此，圣经神学家（作为属于上层系科的学者）并不是从理性，而是从《**圣经**》创立自己的学说；法学家不是从自然法权（Naturrecht），而是从**国家法权**（Landrecht）出发创立自己的学说；药物学家不是从人体生理学，而是从**医学制度**（Medizinalordnung）出发创立**自己的施行于大众的医疗方法**。——只要这些系科中的某一个胆敢把某种借自理性的东西混杂进来，它就会损害通过这些系科而发布命令的政府的权威，并进入哲学系的禁地，哲学系则毫不怜惜地拔光它所有受政府庇护的耀眼的羽毛，立足于平等和自由来对待它。——因此，上层系科不得不犹豫再三，以免陷入与下层系科的不相配的婚姻，要敬而远之地与其保持一段恭敬的距离，不要使自己的规章的威望被后者自由的理性玄想（Vernunfteleien）损毁。

一、神学系的特性

圣经神学家是这样证明上帝存在的：上帝曾在《圣经》中有所言说，而且《圣经》在那里还谈到了上帝的本性（甚至达到了理性无法理解《圣经》文本的程度，例如关于上帝的三重位格的无法企及的奥秘）。但是，由于上帝自身曾通过《圣经》来言说是一件历史之事，圣经神学家就不能也不应将其作为历史之事来证明，因为这是属于哲学系的事情。因此，圣经神学家会把这当作信仰之事，建立于这些学者的某种对于《圣经》本身的（当然是不可证明或不可解释的）神圣性的**情感**之上，而这种《圣经》起源的神圣性（从字面意义上来看）所引起的问题，却是在对民众的公开宣讲中根本不必提出的，因为毕竟民众根本不理解这种学术上的事，只会由此被卷入非分的冥思苦想和怀疑之中；与此相反，人们在这里可以更有把握地指望民众对其教师所建立起的信赖。——圣经神学家也没有权利把一种与原文并不完全吻合的，而是例如某种道德的意义加给《圣经》的箴言，而且由于没有一个由上帝授权的人间解经者，圣经神学家必须宁可通过一种在一切真理中起引导作用的精神来指望理解力之超自然的启示，也不允许理性混杂其中并做出

[7:24]

自己的（缺乏任何更高权威的）解释。——最后，就神的诫命施行于我们的意志而言，圣经神学家绝不能指望自然，亦即人自己的道德能力（德行），而是必须指望恩典（一种超自然的，然而同时也是道德的作用），但人也不能以别的方式，而只能凭借一种内在的、转变心灵的信仰来分享恩典，但这种信仰本身毕竟又能够寄希望于恩典。——如果圣经神学家就这些命题中的任何一个而言把自己与理性相掺和，这种理性也以极大的真诚和严肃追求着同一个目标，那么，他就（像罗慕路斯的兄弟[1]那样）越过了唯一能产生永福的教会信仰之墙，迷失在自行评判和哲学的开放与自由之地，在这里他逃出了教会的（geistlich）统治，而遭受到了无政府状态的一切危险。——但是，人们必须注意，我在这里谈的是**纯粹**的（purus，putus）圣经神学家，他还没有被理性和哲学的遭人诋毁的自由精神传染，因为我们一旦把两种不同种类的事务混为一谈，使其相互交织，就不能对其中任何一个的特性形成任何确定的概念了。

二、法学系的特性

满腹经纶的（schriftgelehrte）**法学家**（当他如其所应当的那样作为政府公职人员而行事时）不是在自己的理性中，而是在公开颁布并由最高当局批准的法典中来寻求确保"**我的**"和"**你的**"

---

[1] 罗慕路斯（Romulus）及其兄弟瑞慕斯（Remus）是传说中罗马人的祖先，两人在建造罗马城时就位置和命名等问题发生争执，后来瑞慕斯企图越墙离开，结果被罗慕路斯杀掉。——译者注

[7:25] 的法律。这些法律的真理性和合法性的证明，以及面对理性所提出的反对意见的辩护，公平地说是不能要求于他的。因为是法令（Verordnung）首先决定了什么东西是正当的，而现在如果要追问这些法令本身是否也可能是正当的，则法学家必定会当作不知所云的问题而径直驳回。由于听说一个外在的和至上的意志与理性并不一致，就想要拒绝服从这个意志，这将是可笑的。因为政府的威望正在于，它不让臣民有自由按照其自己的概念去判断正当和不正当，而是要按照立法权力的规范（Vorschrift）去判断。

但有一个方面，法学系在实践上的境况毕竟要好过神学系：也就是说，法学系有一个可见的法律解释者，这要么是一位法官，要么是（在他遭到上诉时）一个法律委员会以及（在最高的上诉中）立法者本身，而神学系在一部圣经的需要解释的经文方面，就没有这么方便了。然而，这个优点在另一方面也被一个并不更小的缺点抵消了，亦即尘世的法典必须在经验提供更多或更好的见识之后不断地被变更，与此相反，那本圣经却不认定任何改变（减少或增多），而且永远保持封闭状态。甚至当法学家抱怨说，指望有一个严格确定的司法规范（ius certum [确定的法]）几乎完全是徒劳的，这种抱怨也不会从圣经神学家那里听到。因为圣经神学家并不坚持这种要求，也没有说他们的教义（Dogmatik）不包含这样一种清晰的且在一切场合都确定的规范。此外，当法学的从业者（律师或者法律代理人）给当事人提出了糟糕的建议，并因此给当事人造成了损害，却不愿为此承担责任（ob consilium nemo tenetur [无人为提建议而担责]）时，神学的从业人士（布道人和精神指导者）却毫不犹豫地承担了这种责任,并且担保,也就是以保证的口气说,在来世一切都将如他们在此世所结算的那样受到审判;尽管如果要求他们正式声明,他们是否敢于拿自己的灵魂来担保他们根据圣经权威想要证实自己相信的一切东西的真理性时,他们很可能会问心有愧的。然而,在这些民众导师的原理的本性中,毕竟包含了他们的担保的绝对不容怀疑的正确性,他们尽可以更有把握地这样做,因为他们不用担心在此生中受到经验的反驳。 [7:26]

三、医学系的特性

医生是一位行家,由于他的技术直接借自自然,并且为此必须从一门自然的科学推导出来,所以他作为学者而从属于某一个系科,他在这个系科中完成自己的学业,并且必须始终服从它的评判。——但是,由于政府对医生处理民众健康的方式必然会抱有极大的关切,所以它有权通过一个从该系科选出来的从业人员(执业医生)的会议,由一个**高等卫生委员会**和医疗法规来监督医生的公共业务。但是,由于这个系科的特殊性状,亦即它不像前面两个上层系科那样必须服从一个上级的命令,而是只能从事物的自然本性中取得自己的行为规则——因此从最宽泛的理解来看,它的学说在本源上也是属于哲学系的——所以,医疗法规与其说在于医生们应当做什么,不如说在于他们不应当做什么,也就是说:**第一**,对于公众一般而言要有**医生;第二**,不要有庸医(没有根据fiat experimentum in corpore vili [允许在低贱的躯体上做试验] 这一原理而 ius impune occidendi [杀人脱罪的权利])。现在,由于政府按照第一个原则操心的是**公共便利**,按照第二个原则操心的是(在民众的健康事务上的)**公共安全**,而这两部分就构成了一种**监管**[1],所以,一切医疗法规真正说来只涉及**医疗的监管**。

[7:27] 因此,在各个上层系科中,这个系科就要比前两个系科自由得多,并且与哲学系非常接近;的确,就医生借此得到**培养**的那个系科的学说而言,它们是完全自由的,因为对于这些学说来说,不可能有任何由最高权威批准的书籍,而只能有从自然出发而创作的书籍,也没有真正意义上的法律(如果人们把法律理解为立法者不变的意志),而只有法规(法令),熟悉这些法规并不是学术,学术需要诸学说的一个系统的总体,医学系虽然拥有这个总体,但政府却没有批准它的权限(它不包含在任何**法典**中),而是必须把这种权限留给医学系,政府所考虑的只是通过药典和医疗机构来促进它的从业人员在公共应用中实践这些学说。——但是,这些从业人士(医生)在政府所关切的涉及医疗监管的那些场合下,仍然要服从其系科的判断。

第二节 下层系科的概念和划分

人们可以把大学中那个只探讨并非以上级命令为准绳而接受的学说的等级(Klasse),或者就那个等级只研究这些学说而言,称

---

[1] 原文为 polizei,一般译为"警察",但在康德所处的时代,该词的含义不同于现代通常所说维护公共安全的警务部门,而是指一般社会公共事务管理,包括警务、医疗和社会福利等事务的管理,此处康德谈的是政府对医疗的监管。——译者注

第一章　各系科的关系

为下层系科。现在，虽然人们出于服从而遵守一种实践的学说是可能发生的；但是，由于这种学说是被命令的（de par le Roi［奉国王之命］）就认其为真，那就不仅在客观上（作为一个不**应有**的判断），而且在主观上（作为一个无人**能够**做出的判断）也是绝对不可能的。因为执意要像自己所说的那样犯错的人，实际上并未犯错，而且事实上也没有把这种错误的判断认为真，而只是假装出某种视其为真的样子，在他心中其实是找不到这种视其为真的。——因此，如果谈的是某些应当被公开宣讲的学说的**真理性**，那么，教师在这时就不能援引最高的命令，学生也不能装作是根据命令而相信的，而是只有在所谈到的是**行为**时，才可以这样。但他随后还是必须通过一种**自由**的判断认识到，确实有这样一种命令发出，而他则有义务或者至少有资格服从这种命令，否则他接受命令就是一种空洞的借口和谎言。——现在，人们把那种按照自律，亦即自由地（符合一般思维原则地）进行判断的能力称为理性。因此，哲学系由于必须为它所要接受或者哪怕只是同意的学说的**真理性**做担保，就此而言它将不得不被认为是自由的，并且只服从理性的立法而不服从政府的立法。

但在一所大学里，也必须设立这样一个部门，也就是说，必须有一个哲学系。对于三个上层系科来说，它的作用在于检查它们，并且正是因此而对它们有用，因为一切都取决于**真理性**（这是一般学术的本质性的和第一位的条件）；而上层系科为了政府的要求所许诺的那种**有用性**，则只是一个处于第二位的环节。——只要不把哲学系赶走或让它闭嘴，我们或许也可以承认神学系那种傲慢 [7:28]

的要求，即哲学系是它的婢女（不过始终还留有这样的问题：究竟这个婢女是在这位贵妇**前面举着火把**，还是在她**后面提着拖裙**）；因为正是这种淡泊无争，即只要自由，但也让别人自由，只是为了每门科学的利益而寻求真理，并把这真理提供给上层系科随意使用，就恰好必须把哲学系作为无可怀疑的甚至不可缺少的而推荐给政府。

哲学系包含两个部门，一个是**历史性知识**（历史、地理、学术的语言知识、人文学以及关于经验性知识的博物学所提供的一切，都属于此列）的部门，另一个是**纯粹的理性知识**（纯粹数学和纯粹哲学、自然形而上学和道德形而上学）的部门，以及学术的这两个部分之间的交互联系。它正因此而延伸至人类知识的所有部分（因而也延伸至上层系科的历史性知识），只是它并不把一切（亦即上层系科的独特的学说或诫命）都当作自己的内容，而是着眼于科学的利益把它们当作自己检验与批判的对象。

因此，哲学系可以向一切学说提出要求，让它们的真理性经受检验。只要它的活动没有违背政府的真正的、本质的意图，政府就不能对它发出禁令，而且各上层系科也必须容忍它公开提出的异议和怀疑，尽管这当然会被它们认为是讨厌的，因为如果没有这样的批判者，它们本来能够不受打扰地安住在自己不论是以什么名义所一度占有的东西里，同时还能够专断地发号施令。——只是对于那些上层系科的从业人员（神职人员、司法人员和医生）来说，[7:29] 当然可以禁止他们公开违背政府在他们履行各自的职务时委托他们宣讲的那些学说、并且大胆地扮演哲学家的角色；因为只有各系科才可以这样做，而由政府任命的公职人员却不被允许这样做；因为这些人只是从那些系科中获得自己的知识而已。也就是说，这后一些人，例如牧师和司法人员，如果他们一时兴起要向民众表达自己对宗教立法或者世俗立法的反对和怀疑，这样就会把民众煽动起来反对政府；与此相反，在各系科只是学者在相互争论这些问题，民众在实际生活中对此是不加注意的，哪怕这种消息他们有所知晓，因为民众自己心安理得地认为理性玄想（Vernünftleln）不是他们的事，所以觉得自己有责任只坚持为此被聘用的政府公职人员向他们宣布的东西。——但下层系科这种不容削减的自由有这样的成效，使各个（纠正了自己的看法的）上层系科越来越把公职人员纳入真理的轨道，这样一来他们自身也将更好地认清自己的义务，在对宣讲做修改时不会觉得反感，因为这种宣讲只是对达到同一目的的手段有了一种更好的理解，而这种更好的理解完全可以在不对迄今一直坚持的教导方式进行挑衅性的和只会引起不安的攻击且完全保留其材料的情况下产生。

第三节　论上层系科与下层系科的违法争执

一种诸观点的公开的争执，从而一种学术的争执，之所以是**违法的**，要么是由于**质料**——如果是由于根本不允许对一个公开的命题及其反命题做出公开判断，因而根本不允许对其进行**争执**；要么是纯然由于**形式**——如果进行争执的方式不在于以对方的理性为目标的客观根据，而在于主观的、通过**爱好**来规定其判断的动因，以便通过狡诈（收买亦属于此列）或者强制力（威胁）来迫使对方同意。[1]

[7:30] 现在，各系科的争执是围绕对民众的影响展开的，而且只有当它们中的每一个系科都能够使民众相信它懂得如何最好地促进他们的福祉（Heil）时，它们才能获得这种影响，但在此毕竟就它们想做成这件事的方式来说，它们恰好是相互对立的。

但是，民众并不把自己的最高福祉建立在自由中，而是把它建立在自己的自然目的中，因而建立在这三件事中：期待死后的**永福**；在生活中期待通过公共法律来确保"**他的**"在周围其他人中的安全；最后，期待对于**生命**本身的自然享受（亦即健康和长寿）。

但是，哲学系只能通过自己从理性中借来的规范才能参与所有这些愿望，因而与自由的原则相亲近，它仅仅以人自己能够和应当去做的事情为根据：**正直**地生活，不做任何**不法的事情**（Unrecht），采取在享受上**有节制**、在疾病中能忍耐、尤其在生病时等待自然的自救的态度；要做到这一切，当然不需要有多么高深的学问，人们在大多数情况下甚至可以没有这种学问，只要愿意约束自己的爱好并且委托自己的理性来统治就可以了，但这作为自我

---

[1] 这里牵涉"公开地运用自己的理性"与"私下地运用自己的理性"之别（参看康德的《回答这个问题：什么是启蒙?》，见李秋零主编的《康德著作全集》第8卷，第41页以下），康德主张前者可以合法地争辩，后者却应当受到限制，甚至不许争辩。该处"争辩"的原文为räsonieren，李秋零将其译作"理性思考"，似未表达出康德的完整意思。该词源自法语raison，本意固然是"理性""推理"之意（相当于英语的reason），但它派生出来的raisonner/raisonnement (pl)却加入了"争辩""辩解"的意思，raisonneur则更是成了"好争论""好辩""多余的话"的贬义词。康德在这里一语双关，可褒可贬。——译者注

奋勉却完全不被民众放在心上。

于是，那三个上层系科就被民众（他们在以上的教导中为他们对**享受**的爱好和对为**此劳动**的反感找到的是很糟糕的代用品）要求，在这些方面提供更容易接受的建议；而且在此对学者们表达了如下的要求：你们**哲学家**在这里啰唆的那些东西，我自己早就知道了；但我想从你们学者这里知道的是，如果我已经**无耻地**过了一生，我怎样仍然能够在大门即将关闭之前为自己搞到一张进入天国的门票，如果我做了**不法的事情**，我究竟怎样才能打赢我的官司，如果我已经随心所欲地使用和**滥用**了我的体力，我终究怎样还能够保持健康和活得长久。你们就是研究这些的，必定比（被你们称作白痴的）我们当中的任何一个人知道得多，我们所要求的不超出健全知性的范围。——但在这里，民众来学者这里，就好像是去那些知道超自然事物的信息的预卜者和魔法师那里一样；因为没知识的人很容易对一个他抱有某种过分要求的学者产生夸张的概念。所以自然就可以预期，只要有人足够大胆地冒充这样一个异人（Wundermann），民众就会归于他那一方，并将怀着蔑视离开哲学系这一方。 [7:31]

但是，如果不允许哲学系公开地对他们加以抵制，三个上层系科的从业人员在任何时候都会是这样的一些异人；这种抵制并不是为了推翻他们的教义，而仅仅是为了反驳公众迷信地归之于他们的、与之结合着的戒律的那种魔力，就好像通过被动地托付于这样一些高明的领袖，就将免除自己的一切努力，并已经称心如意地由他们引导着达到所瞄准的那些目的了。

如果上层系科采纳这些原理（这当然不是它们的使命），那么，它们就会并且永远会处在与下层系科的争执之中；但这种争执是**违法的**，因为它们不仅不把违反法则视为一种障碍，相反还视为所期望的机缘，以展示它们的高超技艺和熟练技巧，使得一切重新变好，甚至变得比没有这些法则时的情况更好。

民众愿意**被引导**，也就是说（用煽动者的话来说）愿意**被欺骗**。但民众并不愿意由系科的学者们来引导（因为他们的智慧对民众来说太高了），而是愿意由系科的那些**会做事**（savoir faire [善于行动]）的从业人士来引导，由神职人员、司法人员和医生来引导，这些人作为实践者更受信任；这样一来，政府只能通过他们来影响民众，其自身就会**受到诱惑**，想要把一种不是出自各系科的学者的纯粹洞见，而是指望其从业人士借此能够对民众施加影响的理论强加给这些系科，因为民众自然是最拥护那些他们最不需要自己努力和运用自己的理性，又能最好地使义务与爱好相融合的东西；例如在神学专业中，据说无须研究（甚至也不需要正确理解）应当信什么，字面上的"信"本身就是能带来救恩的，并且通过参加某些中规中矩的仪式就能直接地洗清罪过；或者在法学专业中，据说遵循法律条文就可以不研究立法者的意思。

[7:32] 于是在这里就有一种本质上的、永远不可调解的非法争执存在于上层系科和下层系科之间，因为前者的立法原则既然被人们归于政府，它就会是一种由政府授权的无法无天的状态。——因为，**爱好**和一般来说某个人觉得有利于自己的**私人意图**的东西，绝没有资格成为一种法则，从而也不能作为法则由上层系科来宣

讲，所以，一个批准这种东西的政府，由于它自己违反了理性，就将那些上层系科与哲学系置于一种争执之中，这种争执是绝不能被容许的，因为它将完全摧毁哲学系，这当然是结束一场争执的最快捷的手段，但也是（按照医生的说法）一种置之死地且**铤而走险**（heroisch）的手段。

第四节 论上层系科与下层系科的合法争执

无论政府有权通过自己的批准而交给上层系科公开宣讲的那些学说是什么样的内容，它们都只能作为出自政府任意的规章和可能会出错的人类智慧而被接受和尊重。然而，由于政府对这些学说的真理性绝不是一视同仁的，就真理性而言它们必须服从理性（理性的利益是哲学系所操心的），但这只有通过允许以完全的自由来对那些学说进行一种公开的检验才有可能，所以，由于专横的、尽管是由最高当局所批准的条令与由理性断言为必然的学说并不总是一致，上层系科和下层系科之间的争执首先是不可避免的，但其次也是**合法的**，而且，哪怕不是要公开地说出**全部**真理，但至少要考虑被作为原理而公开地提出来的**一切**都是真的，这就不仅是下层系科的权限（Befugnis），而且是它的义务了。

如果某些被批准的学说，其来源是**历史性的**，那么，无论它们如何被当作神圣的而劝说人们不假思索地服从这种信仰，哲学系都有权利，甚至有责任以批判性的思考来探究这种起源。如果这些学说是以某种历史性知识的口气（作为启示）提出来的，但却是**合

[7:33]

理的（rational），那么就不能禁止它（下层系科）从历史性的宣讲中寻找立法的理性根据，此外对这些学说是技术—实践的还是道德—实践的做出评价。最后，如果那些把自身宣称为法则的学说，其来源完全只是**感性的**（ästhetisch），也就是说，是建立在一种与该学说相结合的情感（Gefühl）之上的（情感既然并不充当客观的原则，而只有主观的有效性，就不适宜于由此得出一种普遍的法则，例如对一种超自然影响的虔诚感就是如此），那么，哲学系就必须有自由去对这样一种所谓的教导所根据的起源和内容，以冷静的理性来公开地加以审查和评价，不被那种人们号称感受到，并决定把这种自以为的情感变成概念的对象之神圣性所吓到。——以下所说的包含了进行这样一种争执的形式原理和由此产生的后果。

（1）这种争执不能也不应当通过和平的协议（amicabilis compositio [友好的和解]）来调解，而是（作为诉讼）需要一种判决，即一个法官（理性）的有法律效力的裁决；因为这种争执的调解只能通过不正派的手法、对纠纷原因的隐瞒与说和来做到，但这类准则与一个**哲学**系的精神，即旨在公开呈现真理的精神是完全相悖的。

（2）这种争执永远也不可能停止，而且哲学系是那个必须随时为此做好准备的系科。对于要公开宣讲的学说，政府的规章性的规范总是必需的，因为把自己的所有意见都闹到公众中去的那种无限制的自由，无论对于政府来说，还是对于公众来说，都必将是危险的。但政府的一切条令，由于它们出自人，至少是由人来批准的，所以在任何时候都有犯错误或违背目的的危险；因此，就政府给上层系科所批准的这些条令来说，也是这种情况。所以，哲学系面对威胁自己受托付所保护的真理的那种危险，绝不能放下自己的武器，因为上层系科也绝不会放弃其统治的欲求。

（3）这种争执绝不能损害政府的威望。因为它不是各系科与政府的争执，而是一个系科与另一系科的争执，政府可以对它平静地旁观；因为尽管政府把上层系科的某些命题置于自己的特殊保护之下，以便指定这些系科的从业人员对其做公开宣讲，但它毕竟不是由于这些系科要公开宣讲的学说、意见和主张的真理性，而是仅仅由于它（政府）自己的好处，才把作为学术社团的各系科置于保护之中，因为对这些学说内在的真理性内容做出决断、从而自己来扮演学者的角色，会不符合它的尊严。——这就是说，上层系科要为政府负责的仅仅是它们交给自己的**从业人员**公开宣讲的那些指导和教诲；因为他们深入作为**公民**共同体的公众之中，并且由于他们有可能损害政府对公众的影响，所以他们就要服从政府的批准。与此相反，各系科以理论家的名义达成的学说和意见则进入另一种类型的公众，即一个从事科学研究的**学者**共同体的公众中；民众满足于自己对此一无所知，而政府则认为插手于学术活动对自己 [7:34]

[7:35] 来说是不体面的。[1] 上层系科的等级（作为学术议会的右翼）为政府的规章辩护，然而在一个有必要的自由的宪政中，在涉及真理的时候，还必须有一个反对党（左翼），这就是哲学系的席位，因为要是没有哲学系的严格审查和质疑，政府对于什么东西有益或有害于自己就不会得到充分的教导。——但是，如果这些系科的从业人员想依照自己的头脑而改变那些对公丌宣讲所做的规定，那么，政府的看守者就可以把这些人当作有可能会对政府造成危害的**革新者**来对待，但却毕竟不是直接地而是仅仅根据由上层系科所采纳的极为恭顺的鉴定来否决，因为这些从业人员只能**通过系科**而受政府的指定去宣讲某些学说。

（4）这种争执完全能够与学者共同体和公民共同体的和谐在准则上相共存，遵循这些准则必能促进两个系科等级向着更大的完善性不断地进步，并最终为解除一切由政府任意地对公开判断的自由所施加的限制做好准备。

---

[1] 与此相反，如果争执在公民共同体面前（比如公开地在布道坛上）进行，就像从业人员（以执业者的名义）喜欢尝试的那样，那么，它就是以未经授权的方式(unbefugterwiese)被拉到了民众的审判席前（而民众在学术事务上根本无权做出判断），并且不再是一种学术争执；这样一来，上面提到的那种非法争执的状态就会发生，在其中被宣讲的是符合民众爱好的学说，并且播下了骚乱和党争的种子，而政府则由此被置于危险之中。这些专横地以此自居的民众领袖就此而言脱离了学者阶层，侵犯了公民宪政的法权（插手于世俗冲突），真正成了**标新立异者**，但是，这个有理由遭人憎恨的称号，如果安在每一个在学说和教学形式方面的创新者身上，就被严重误解了（因为，为什么恰恰旧的就总是最好的呢？）。与此相反，真正说来值得被打上这个印记的，是那些引进某种完全不同的政府形式，或者毋宁说某种无政府状态的人，因为他们把本身是学术的事情转交给民众的呼声去决定，而又能够通过影响民众的习惯、情感和爱好而随意地操纵民众的判断，并这样从一个合法政府那里赢得对民众判断的影响。——康德原注

以这种方式，很可能有朝一日将会实现最末的系科成为第一系科（下层系科成为上层系科），尽管不是在权力的拥有方面，但毕竟是在为掌权者（政府）提供建议方面，而政府则会在哲学系的自由以及从中生发出来的洞见中，找到比它在自己的绝对权威中更好地达到其目的的手段。

结　　论

因此，这种对抗（Antagonism），即为了一个共同的最终目的而联合起来的两党的**争执**（concordia discors, discordia concors [不和谐的和谐，和谐的不和谐]），并不是**战争**，也就是说，不是由学术上的"**我的**"和"**你的**"的最终意图之对立而来的一种争论，这种学术上的"我的"和"你的"正如政治上的"我的"和"你的"一样，是由**自由**和**财产**（Eigentum）构成的，而自由作为条件又必然要先行于财产；所以，如果不同时也同意下层系科把自己对上层系科的法权之质疑传达给有学问的公众，就不能允许上层系科拥有任何法权。 [7:36]

第二章[1]　附录：借助于神学系和哲学系之间的争执实例来阐明系科之争

一、争执的内容

圣经神学家实际上是代表**教会信仰**（Kirchenglauben）的**经学家**，他以规章，即以另一个人的任意的法则为基础；与此相反，理性神学家则是代表**宗教信仰**（Religionsglauben）的**理性学者**，因而以可从每一个人自己的理性中发展出来的内在法则为基础。宗教这个概念本身就已经表明了事情确实如此，也就是说，宗教永远不能建立在条令（无论它们有多么高等的起源）之上。宗教不是某些作为神的启示的学说之总和（因为那叫作神学），而是一切我们作为神的**诫命**的一般义务之总和（而且主观上是把这些义务当作诫命来遵循的准则之总和）。宗教就其质料即客体来说，并不在任何一个点上有别于道德，因为道德指向一般的义务，相反，宗教

---

[1] 德文正文中缺"第二章"的字样，兹据前面的目录补上。——译者注

[7:37] 与道德的区别只是形式的,也就是说,它是理性的一种立法,为的是使道德通过从理性自身中产生的上帝理念而对人的意志施加影响,使人去履行其所有的义务。不过,正因为如此,宗教只有唯一的一种,并不存在不同的宗教,倒是有对神的启示的多种多样的信仰方式及其规章性的教义,这些不可能从理性中产生出来;也就是说,有上帝意志的感性表象方式的多种多样的形式,以便使上帝的意志对心灵产生影响;在这些形式中,据我们所知,基督教是最适合的形式。这在《圣经》中是由两个不同类型的部分组成的,一个部分包含着宗教的元典(Kanon),另一个部分包含着宗教的工具(Organon)或者载体(Vehikel),其中前者可以被称为纯粹的**宗教信仰**(无须规章而建立在纯然理性之上),后者可以被称为**教会信仰**,它完全以规章为基础,这些规章如果要被看作神圣的教义和生活的规范,就需要一种启示。——但是,如果可以把这一引导工具看作神的启示,则把它用于前一个目的也是一种义务,既然如此,就可以由此解释,为什么在说到宗教信仰时,通常建立在《圣经》之上的教会信仰也一起得到了理解。

圣经神学家说:你们查考《圣经》吧,在里面你们以为找到了永生。[1] 但是,由于永生的条件不是别的,而是人的道德改善,所以没有人能够在任何一部经书中找到这种永生,除非是他把这种道德改善加进去,因为达到永生所要求的概念和原理真正说来不是从其他某个人那里学来的,而是必须凭借一次宣讲的机缘仅仅

---

[1] 语出《约翰福音》5:39,和合本完整的经文如下:"你们查考《圣经》,因你们以为内中有永生,给我作见证的就是这经。"——译者注

第二章　附录：借助于神学系和哲学系之间的争执实例来阐明系科之争

从教师自己的理性中发展出来。但是，《圣经》所包含的，要远多于永生本身所要求的东西，也就是属于历史信仰的东西，这些东西作为纯然的感性载体对宗教信仰而言，虽然（对于这个那个人物和这个那个时代）可能是有益的，但却并不必然地属于它。圣经神学系坚决主张这种东西属神的启示，其程度如同主张对这种东西的信仰属于宗教。但是，哲学系在这种混淆方面，就圣经神学系把关于真正的宗教的真实的东西包含于自身中而言，却反对圣经神学系。

还有**教导方法**也属于这种载体（即属于附加在宗教学说之上的东西），人们可以把这种方法看作是交托给众使徒本身的，不能看作是神的启示，而是只能看作与当时那个时代（χατ΄αυθρωπου [就人而言]）的思维方式相关而有效的，不能看作是作为教义的一部分就自身而言（χατ΄αληθειαυ [就真理而言]）而有效的。确切地说，要么是消极的，作为只是对某些当时盛行的、就自身而言错误的意见的容许，以免违背某种当时盛行的、在本质上却不与宗教相冲突的妄想（例如关于神灵附体的妄想）；要么也是积极的，以便利用一个民族（Volk）对其现在应当已经终结的旧教会信仰的偏爱来引入新的教会信仰（例如，把《旧约》的历史解释成《新约》中发生的事情的样本，而如果这一历史被犹太教以错误的方式纳入信仰学说中，作为其中的一个部分，就会让我们不由得叹息：nunc istae reliquiae nos exercent [现在，这些遗产使我们厌烦]——西塞罗）。 [7:38]

由于这个缘故，基督教的经学研究就会遇到某些解释技术上的困难，对于这种技术及其原则，上层系科（圣经神学家）与下层系科必定会陷入争执，因为当前者主要关心理论的圣经知识时，就把后者拖进了怀疑中，即怀疑它把一切作为真正的启示学说而必须逐字逐句地加以接受的学说，都用哲学思维排除掉了，并把一种随意的意思强加给它们，但后者，作为更重视实践的东西，即更重视宗教而不是教会信仰的系科，反过来指责前者通过这样的手段而完全忽视了终极目的，这目的作为内在的宗教必须是道德的，并且是基于理性的。因此，以真理为目的的后者，从而也就是哲学，在对一段经文的意思发生争执的情况下，就主张自己享有规定这种意思的优先权。下面讲的解经的哲学原理，并不是想借此被理解为，解释必须是哲学性的（以扩展哲学为目标），而只是说，解释的**原理**必须是如此性状的；因为一切原理，无论它们所涉及的是某种历史—批判的解释还是语法—批判的解释，在任何时候都必定是由理性所支配的，而在这里格外如此，因为凡是从经文中可以为了**宗教**（宗教只能是理性的一个对象）而查找出来的东西，也必定是由理性所支配的。

二、调解争执的解经的哲学原理

1. 包含着某些被宣布为神圣的却**超越**了一切理性概念（甚至道德的理性概念）的**理论性**的学说的经文，**可以**做出有利于实践理性的解释；但包含着与实践理性相矛盾的命题的经文，则**必须**做出有利于实践理性的解释。以下包含着这样的一些实例。

（1）即使人们相信自己理解了三位一体学说的字面意思，也

第二章　附录：借助于神学系和哲学系之间的争执实例来阐明系科之争

完全不能从这个学说中得出**任何有助于实践的东西**，更别说人们发现它根本就超越了我们所有的概念。——无论我们在神性里面必须崇拜的是3个还是10个位格，学生都将同等容易地从字面上接受，因为他对一个有多个位格（本质）的上帝根本没有任何概念，但这更多的是因为，他根本不能从这种不同之中为他的生活方式取得不同的规则。相反，如果人们把一种道德的意义纳入信条（Glaubenssätzen）（就像我在《纯然理性界限内的宗教》中所尝试过的那样），它所包含的就不再是一种空洞无果的信仰，而是一种与我们的道德使命相联系的、可理解的信仰。这对于"神性的一个位格化身为人"的学说也是同样成立的。因为如果这个神人（Gottmensch）不是被表象为人性以其完全为上帝所喜悦的道德完善性永恒地存在于上帝里面的理念[1]（上引书73—74页[2]），而是被表象为"以肉身方式居住于"一个现实的人里面，而且是

[7:39]

---

[1] 关于这一点，威尼斯的波斯特尔［译者按：Postellus，应该是指 Guillaume Postel（1510—1581），法国神秘主义作家，语言学家和天文学家］在16世纪的狂想非常具有原创的性质，可以充当实例来很好地说明：如果把一个纯粹的理性理念的感性化转变为一个感官对象的表象，人们就会陷入怎样的迷失，确切地说陷入**理性**的癫狂［译者按：原文为 mit Vernunft zu rasen，直译作"驾着理性狂奔"，康德在《实用人类学》中将其解释为"按思维的形式虽然是根据原则行事，但按照质料和目的，则采用着正好与这个目的相反的手段"。参看该书的邓晓芒译本，上海人民出版社2012年出版，第75页］。因为，如果不是把那个理念理解为人性的抽象，而是理解为一个人，那么，这个人就必定会有某种性别。如果这个由上帝所造的人是男性（一个儿子），具有人类的弱点并承担了人类的罪，那么，另一种性别的弱点和罪过与男性的弱点和罪过却毕竟是有类的区别的，而人们就将不无根据地试图假定，女性也将获得自己特殊的女代表（仿佛是一个神的女儿）来作调解人；而波斯特尔相信，在威尼斯的一位虔诚少女的人格中已找到这位女代表了。——康德原注

[2] 康德这里所说的是《纯然理性界限内的宗教》第二版（出版于1794年）中的页码。科学院版康德全集中相应的页码是第6卷60—62页。——译者注

作为第二自然起作用的神性,那么,从这种奥秘中也不能为我们产生出任何实践的东西,因为我们毕竟不能要求自己像神一样行事,所以神在这方面也就不能成为我们的榜样,且不说这还会引起这样的困难,即如果这样的结合在一个人那里[1]是可能的,神性为什么不让所有的人都分享它,那样的话所有人都必定会让上帝喜悦。——关于这同一个人的复活和升天的故事也可以说类似的话。

[7:40]　　我们将来是否只靠灵魂生活,或者我们的人格在另一个世界里的同一性是否需要这一种在此构成我们的身体的物质,因而灵魂并不是什么特殊的实体,我们的身体本身必须复活,这一切在实践方面对于我们来说可以是完全无所谓的;因为如果一个人能够摆脱他的身体,谁还会如此喜爱自己的身体,以至于愿意永远拖带着它呢?因而使徒的推论,即"若基督没有复活(就身体而言变为活的),我们也就都不会复活(在死后就再也没有生命了)"[2],就不是令人信服的。但他也许并不是这个意思(因为人们毕竟也不会把某种灵感当作论证的基础),他借此只不过是想说:我们有理由相信基督还活着,而且如果一个如此完善的人在(身体)死后不再活着,那么,我们的信仰就会是空洞的;理性给使徒(如同给所有人)提供的这种信仰,激发他达到对一个公共事件的历史信仰,他真心诚意地

---

[1] 指耶稣。——译者注

[2] 类似的表述出现在《新约·哥林多前书》15:12-14,原文为:"既传基督是从死里复活了,怎么在你们中间有人说没有死人复活的事呢?若没有死人复活的事,基督也就没有复活了。若基督没有复活,我们所传的便是枉然,你们所信的也是枉然。"康德的表述与《圣经》原文有所出入。——译者注

第二章　附录：借助于神学系和哲学系之间的争执实例来阐明系科之争

认定这事件是真的，而且把它用作一种对来生的道德信仰的证明根据，而并未发觉，他如果没有这种道德信仰，自己也会觉得很难把信仰赋予这个事件。在此道德的意图已经达到了，尽管其表象方式本身带有使徒在其中曾受教育的学院概念的标记。——此外，有一些与那个事件相对立的重要的反驳：为纪念他而举办圣餐仪式（一场悲伤的谈话），这看起来就像是一种正式的告别（并不是很快就能重逢的那样）。在十字架上的抱怨的话[1]表达着一种遭受到失败的意图（即在他还活着的时候就使犹太人获得真正的宗教），而在此本来应当期待的是对一种实现了的意图的欢欣。最后，门徒们在《路加福音》中的说法，即"我们原想他会拯救以色列的"[2]，并不会让人理解为，他们对期待中的三天后的重逢有了准备，更不是说关于基督复活的说法他们已有所耳闻。——但是，如果所涉及的是宗教，而对宗教来说理性给我们注入的与实践相关的信仰本身就已经是充分的了，我们为什么要由于一种我们应当让其永远处于其恰当位置（即无关紧要的境地）的历史叙述，而卷入如此多的学术审查和争执之中呢？

(2) 在对那些其表述与我们关于神的本性及其意志的理性概念相冲突的经文的解释中，圣经神学家长久以来形成的规则是：以人的方式（ανθρωποπαθως）表述的东西，必须按照配得上神的意 [7:41]

---

[1] 据说耶稣死前曾大声呼唤："我的上帝，我的上帝，为什么抛弃我？"见《新约·马太福音》27:47。——译者注
[2] 参看《新约·路加福音》24:21。康德的表述与《圣经》原文稍有出入。和合本的表述为："但我们素来所盼望要赎以色列民的，就是他。"——译者注

义（θεοπρεπως）来**解释**；这样一来他们就完全明确地表明了这种信仰：在宗教的事情中，理性是经书的最高解释者。——但是，对于《圣经》作者实际上与自己的表述结合着的意义，即使我们除了将其理解为具有某种与我们的理性完全矛盾的意义之外，不能加给它任何别的意义，理性毕竟也会觉得自己有权利以如同它认为与自身原理相符合的方式来解释经文，而不应当按照字面来解释，如果理性根本不想指责《圣经》作者犯了错误的话；这看起来完全违背了解释的最高原则，但它仍然总是出现，并赢得最有声望的神学家们的喝彩。——圣保罗关于神恩拣选的学说就是这种情况，该学说极为清晰地表明，他的私人意见必定就是道的最严格意义上的命定[1]；因此，这种意见曾被一个伟大的新教教会纳入自己的信仰中，但结果又被这个教会中的大部分人放弃了，或者被人们尽可能好地做了别的阐释，因为理性发现它与自由学说、行动的归责的学说，从而与整个道德学说无法统一起来。——即便在《圣经》信仰并不违背某些德性原理的学说，而只是违背评判自然现象的理性准则的地方，解经者们也几乎普遍赞同《圣经》的某些故事叙述，例如关于神灵附体的人（有魔性的人），尽管这些人与《圣经》中的其他神圣故事是以同样的历史口吻来宣讲的，而且几乎无法对它们的作者认为它们逐字逐句都是真的产生怀疑，但还是要这样来加以解释，使得理性在这里能够成立（以免给一切迷信和骗局敞开大门），而人们也没有否认解经者们的这种权限。

---

[1] 圣保罗关于预定和拣选的学说，可参看《罗马书》11:1-10。——译者注

第二章　附录：借助于神学系和哲学系之间的争执实例来阐明系科之争

2. 如果那些真正说来必须由启示得来的《圣经》学说应当被认识，对它们的信仰本身就没有什么**功德**；而这种信仰的缺乏，甚至与它相对立的怀疑，本身也就不是什么**罪过**，相反，在宗教中一切都取决于**行为**，而这种终极意图，从而还有一种与这种终极意图相符合的意义，就必须加在所有的《圣经》信仰学说（Glaubenslehren）之上。　　　　　　　　　　　　　　　　　　　　　　[7:42]

所谓信条，人们并不把它们理解为应当被信仰的东西（因为信仰不允许任何命令），而是理解为在实践（道德）意图方面有可能并且合目的地予以接受的东西，尽管这种东西无法被证明，因而只能被信仰。如果我缺乏这种道德考虑，纯然在一种理论的视之为真的意义上，例如在符合历史地基于他人见证的东西的意义上，或者还由于我只能在这个或那个前提条件下来解释某些被给予我的现象的意义上，接受这种信仰为某个原则，那么，由于这样一种信仰既不造就一个更好的人，也不证明这样一个人，它就根本不是**宗教**的一个部分；而且，如果它仅仅是通过恐惧和希望而被强制着在灵魂中假装出来的，那么它就违背真诚性，从而也违背宗教。因此，如果经文是这样说的，就好像它们不只是把对一种启示学说的信仰看作是就其自身而言有功德的，而且甚至提高到道德善功（moralische-gute Werke）之上，那么，它们就必须这样来解释，好像由此所指的只是通过理性来改善和升华灵魂的道德信仰；即使确定例如"谁在这里信仰并受洗，谁就将得福"等这些说法的字面意义与这种解释相悖。因此，对这些规章性的教条及其真实性的怀疑，并不会使一个道德的、善意的灵魂感到不安。——尽管如此，同样一些命题仍然可以被视为对某种特定**教会信仰**的**宣讲**的本质性要求，但由于这种教会信仰只是宗教信仰的载体，从而自身是可变的，而且必须总是有能力逐渐地纯化，直至与宗教信仰完全一致，所以它本身不能成为信条（Glaubensartikel），尽管它在教会中也不应受到公开攻击和蔑视，因为它是受到为公共的和睦与和平操心的政府之保护的；教师所要做的，是警告人们不要赋予它一种独立自足的神圣性，而要毫不迟疑地转向从其中引出的宗教信仰。

[7:43] 　　3. 行为必须被表象为从人自己对其道德力量的利用中产生的，不可被表象为一个外部的、更高的、人对其采取容忍态度的作用因所影响的结果；因此，对那些在字面上显得包含着后者的经文的解释，就必须有意地以与前一条原理相一致为准。

　　如果自然本性（Natur）被理解为起支配作用的、促进人**幸福**的原则，而神恩则被理解为寓于我们的、不可把握的道德禀赋，亦即**纯粹德性**的原则，那么，自然本性与神恩就不仅彼此不同，而且经常相互冲突。但是，如果自然本性（在实践的意义上）被理解为一般地靠自己的力量达到某些目的的能力，那么，就人被他自己内在的却超感性的原则（他的义务的表象）规定着去行动而言，神恩无非是人的自然本性；因为我们想对自己解释这种原则，但仍然不知道它更进一步的根据，于是就由我们把这种原则表象为神在我们心中引起的向善的冲动，对此我们并没有在自己的心中建立这种禀赋，从而也就把它表象为神恩了。——也就是说，罪（人类本性中的恶性）使得惩罚性的律法（就像对奴隶一样）成为必要，但神恩（也就是说，那种通过对我们心中本源的向善禀赋的信仰和通过

第二章 附录：借助于神学系和哲学系之间的争执实例来阐明系科之争

在上帝之子身上令上帝喜悦的人性的榜样而被激活的、对这种善的发展的希望）则只要我们让它在我们心中起作用，也就是说，让一种效法那个神圣榜样的生活方式的意向发动起来，就能够并且应当在我们（作为自由人）心中变得更为强大。——因此，那些看起来仅仅包含着对一个外来的、在我们心中引起神圣性的力量的消极顺从的经文，必须这样来加以解释，使得从中可以表明，我们必须**自己致力于**发展我们心中的那种道德禀赋，尽管它本身（在对原因的理论研究中）证明了一种在起源上高于一切理性的神性，因而拥有这种禀赋并不是功德，而是神恩。

4. 在自己的行为不足以使人在他自己的（严格地进行审判的）良知面前辩白（Rechtfertigung）的地方，理性充其量有权对人的有缺陷的义（Gerechtigkeit）的一种超自然的补救持深信不疑的态度。

这种权限本身是清楚的；因为人按照其使命应当是什么（也就是说，符合神圣的法则），他也就必定能够成为什么；而如果这不能通过自己的力量以自然的方式成为可能，那么，他就可以希望这将会通过外在的神的协作（无论是以什么方式）而发生。——人们还可以附加说，对这种补救的信仰是使人永福的，因为人只有借此才能执着于在令上帝喜悦的生活方式（作为希望永福的唯一条件）上的勇气和坚定意向，才不会怀疑他能够达到自己的终极意图（成为令上帝喜悦的）。——但是，要求他必须能够知道并且确定地说明，这种代替的手段（这最终毕竟是一厢情愿的，哪怕上帝自己愿意就此对我们说什么话，对我们来说也是不可理解的）存在于**何处**，却是不必要的，甚至哪怕只是要求有这种知识也是狂

[7:44]

妄的。——因此，那些看起来包含着这样一种特殊启示的经文就必须这样来加以解释，使得它们仅仅为了一个民族，根据其迄今通行的信仰学说而涉及那种道德信仰的载体，而不涉及（为了一切人的）宗教信仰，从而只关系到教会信仰（例如，对于犹太基督徒来说的教会信仰）；教会信仰需要的是历史证明，这并不是每一个人都能够分享的；相反，宗教（作为建立在道德概念之上的）则必须自身就是完备的和无可怀疑的。

* * *

但是，我听到圣经神学家们异口同声地起来反对这种哲学解经的理念：人们说，这种理念的意图首先是一种自然主义的宗教，而不是基督教。**回答**是：基督教是一般地建立在理性之上的宗教的理念，而且就此来说必须是自然的。但是，基督教包含着一种把宗教引向人间的手段，这就是《圣经》；《圣经》的起源被认为是超自然的，就它（无论人希望它的起源是什么样的）对理性的道德规范在其公开传播和振奋人心方面有促进而言，它可以被算作宗教的载体，而且作为这样一种载体也可以被认作超自然的启示。现在，只有当一种宗教把不承认这样的启示作为原理的时候，人们才可以把它称为**自然主义的**（Naturlistisch）。因此，基督教尽管只是一种自然的（natürlich）宗教，但却不是一种自然主义的宗教，因为它并不否认《圣经》可以是一种超自然的手段，用来引介宗教并建立一个公开传授和认识宗教的教会，而只是在事关宗教学说的时

[7:45]

候,不考虑这种起源罢了。

三、对上述解经原理的反驳意见及其回应

我听到有人高喊反对这些解经规则:**首先**,这全都是些哲学系的判断,因此,哲学系擅自干涉了圣经神学家们的事务。——**回答是**:教会信仰需要历史性的学问,而宗教信仰则仅仅需要理性就够了。把前者解释为后者的一种载体,当然是理性的一种要求,但是,在这里一个这样的要求,要比某物只是作为另外某种当作终极目的的东西(宗教就是此类东西)的手段而具有某种价值,更具有合法性,而且,在对真理产生争执时,难道哪里还有比理性更高的裁决原则吗?当哲学系利用神学系的规章,通过与这些规章的一致来加强它自己的学说时,这也绝不会损害神学系;人们倒是应当认为,神学系由此领受了一种荣誉。但是,就解经而言,如果在两者间一定要有争执,那么,我所知道的调解(Vergleich)就只有这样:**如果圣经神学家停止为自己的职务而利用理性,那么,哲理神学家也将停止使用《圣经》来确证自己的命题。**但我很怀疑前者会接受这项协定。——**其次**,说那些解释是比喻性的和神秘主义的(allegorisch-mystisch),因而既不是圣经的,也不是哲学的。**回答**:恰恰相反,也就是说,如果圣经神学家不想把宗教的外壳当作宗教本身,那么他就必须,比如说,把整个《旧约》解释为一种向着还将到来的宗教状态继续前进的**比喻**(关于原型和象征表象的比喻),如果他不想假定《旧约》在当时就已经是真宗教(真宗教毕竟

[7:46] 不能比真更真），由此《新约》就变得多余了的话。至于理性解释的所谓神秘主义，则如果哲学在经文中窥探一种道德的意义，甚至把这种意义强加给文本，那么这恰好就是阻止神秘主义（例如，**斯威登伯格**[1]之流的神秘主义）的唯一手段。因为如果想象力不把超感性的东西（在一切叫作宗教的东西中都必须想到这种东西）与理性的确定概念——其中就有道德概念——联结起来，则在宗教事情上想象力就会不可避免地迷失于自作多情之中，并导致一种内在启示的光照说（Illuminatism），这样一来，每一个人都有他自己的内在启示，而不会再有任何公共的真理的试金石。

但还有一些异议是理性针对《圣经》的理性解释向自己提出的，我们想按照上面列举的解释规则的顺序简要地加以说明，并试图加以消除。**异议1**：《圣经》作为启示，必须从自身出发而不是通过理性来阐释；因为这种知识的源泉本身不在理性而在别的地方。**回答**：正是由于那部书被看作神的启示，所以它必须不仅仅按照历史学说的原理（与自身相一致）从理论上做出解释，而且必须按照理性概念从实践上做出解释；因为，一种启示是属神的这一点，是绝不能通过经验所提供的标志来查阅到的。这种启示的特性（至少是作为 conditio sine qua non [必要条件]）始终是与理性的对神来说很得体的那种解释相一致的。——**异议2**：一种理论毕竟总是必须先行于一切**实践**的东西，而且，既然这种理论作为启示学说也

---

[1] 斯威登伯格（Emanuel Swedenborg, 1688—1772），瑞典神学家和神秘主义作家，康德曾在《一位视灵者的梦》（收录于科学院版《康德全集》第2卷）一书中批评过他。——译者注

许能够包含着上帝意志的种种意图，对这些意图我们可能无法看透，但仍可以负责加以促进，所以对这类理论命题的信仰本身看起来就包含了一种责任，而对它们的怀疑看起来就包含了一种罪过。**回答**：如果这里说的是教会信仰，人们可以承认这一点；在教会信仰那里，它所看重的不是别的实践，而是规定好了的习俗的实践，在这里，那些宣布信奉一个教派的人为了认其为真，不需要任何别的东西，只需要这种学说并非不可能的就行了；与此相反，宗教信仰需要对真理的**确信**，而这并不能通过规章（通过说它们是神的箴言）来证实，因为它们是神的箴言这一点，只能一再地通过历史来证明，而历史**本身**并没有权限冒充神的启示。因此，就完全针对生活方式的道德性、针对行为的这种宗教信仰而言，那历史性的、即使是《圣经》学说的认其为真本身并没有道德上的价值或者无价值，它属于漠不相关的东西。——**异议3**：如何能够对一个精神上的死人呼唤"起来，行走"[1]，如果不是同时有一种超自然的力量伴随着这声呼唤把生命注入他之中的话？**回答**：这声呼唤是通过这个人自己的理性向他发出的，只要理性在自身中拥有道德生命的超感性原则。通过这种原则，人虽然也许不能立刻被唤起生命以使自己站立起来，但毕竟可以被唤起生命来激发自己，并且被唤起向一种善的生活方式的努力（就像一个人，他的各种能力只是在

[7:47]

---

[1] 典出《路加福音》17:19，这是耶稣对被他治愈了的麻风病人说的话，德文版《圣经》的原文是："Steh auf, geh hin!（起来，走吧！）"康德在这里将其改成：Stehe auf und wandle! 意思虽然差不多，但为的是将"行走（Wandel）"和下文的"生活方式（Lebenswandel）"关联起来。——译者注

沉睡，但并未因此而消逝），而且这已经是一种不需要外部影响的行为，继续下去就能产生一种有意的行走¹。——**异议4**：相信对我们自己正义的缺乏有一种不为我们所知的补救方式，亦即相信某个他者的善行，这是满足我们所感觉到的需求的一个徒然假定的原因（petitio principii [预期理由]²）。因为我们从一个在上者的恩典那里所期待的东西，不能就像是自明地那样来假定它必然为我们所分享，而是只有当它真的被应许给我们，从而只有通过把一种对我们来说发生过的确定的应许加以兑现，就像通过一项正式的契约那样，才可如此假定。因此，看起来我们只能就那种补救确实由神的**启示**许诺了而言来希望和预设它，而不是靠好运气。**回答**：在"你的罪已被赦免"³这一安慰性的箴言中，神的一种直接启示就会是一种超感性的经验，而超感性的经验是不可能的。但对建立在道德的理性根据之上，而且由此至少在实践的意图上先天确定的东西（如宗教）而言，这种经验也是不必要的。就脆弱的但以自己的全部能力去努力遵循所有自己视为义务的东西的被造物而言，我们不能以别的方式来设想一个神圣的和仁慈的立法者的法令（Dekrete）；就连理性的信仰和对这样一种补救的信赖，也无须增添一种确定的、经验性地给予的许诺，就已经比一种经验性的信仰所能做到的更能证明真正的道德意向，从而证明对那种所希望

---

1 这里"行走（wandle）"和上面的"行走（Wandel）"是一个词，本意为"漫步"。——译者注
2 "预期理由"是一种逻辑谬误，也就是"窃取论点"，即把需要论证的结果偷偷地放入前提之中。——译者注
3 《路加福音》5:23。——译者注

第二章　附录：借助于神学系和哲学系之间的争执实例来阐明系科之争

的神恩显现的领受（Empfänglichkeit）。

* * * [7:48]

一切对《圣经》的解释，**就其涉及宗教而言**，都必须以这样的方式、按照在启示中被当作目的的德性的原则来做出，而且如果没有这种原则，就要么在实践上是空洞的，要么甚至就是善的障碍。——这些解释也唯有在这种情况下才真正是**真实可靠的**，也就是说，我们心中的上帝本身就是解释者，因为我们只能理解通过我们自己的知性和理性同我们说话的言说者，因此，对于一种向我们颁布的学说的神圣性，只要**我们的**理性的概念是纯粹道德的，因而是不会骗人的，那就只能通过这些概念来认识。

总的注释：论宗教教派

在那种真正配得上被称为宗教的东西中，不可能有教派的差异（因为宗教是唯一的、普遍的和必然的，从而是不变的），但在涉及教会信仰的东西中，无论它仅仅是建立在《圣经》之上，还是建立在传统之上，只要把仅仅是宗教载体的东西的信仰看作宗教的信条，就会有教派的差异。

如果人们把**基督教**理解为**弥赛亚**（messianisch）信仰的话，那么，仅仅是把它的各教派全都列举出来，就是一桩艰难而又费力不讨好的劳作；因为在这里，基督教也只不过是弥赛亚信仰的一个教派¹，以至于它会在下面这个问题上与狭义上的**犹太教**（即在其完全支配那个民族的最后时刻的犹太教）相对立："你就是将要来临的那个人吗？还是我们应当等待另一个人呢？"最初，罗马人也是这样看待基督教的。但在这种含义上，基督教就会是一种特定的、建立在条令和经书之上的民族信仰，人们不可能知道，这种信仰是否可以直接对所有人有效，或者是否从此必须对最后的启示信仰保持不变，或者能不能期待未来会有其他更为接近那种目的的属神规章。

[7:49]

因此，为了有一个把一种信仰学说划分为各教派的确定的图型（Schema），我们就不能从经验性的材料开始，而是必须从可以先天地通过理性来思维的种种差异开始，以便在信仰的事情里面思维方式之区别的层次序列中，找出这种差异最初可能在其中建立起一种教派区别的那个层次。

在信仰的事情中，按照**所采用的**思维方式进行划分的原则要么是**宗教**，要么是**异教**（它们就像 A 和非 A 那样相互对立）。前者的信奉者通常被称为**信徒**，后者的信奉者则被称为**不信者**。宗教是这样一种信仰，它把一切对上帝的崇拜的**本质性的东西**在人的道

---

¹ 我们的宗教的追随者们自称为**基督徒**（Christen），这是德语用法（或者滥用）的一个奇怪之处；就好像有不止一个基督，而每一个信徒都是一个基督（Christus）似的。他们本该称自己为**基督教徒**（Christianer）。——但是，这一名称会立刻被视为一个（就像在 *Peregrinus Proteus* [译者按：这是德国文学家 Christoph Martin Wieland（1733—1813）出版于1791年的小说，小说全名为 *Geheime Geschichte Des Philosophen Peregrinus Proteus*，即《哲学家伯列格林·普劳图斯秘史》] 中发生的那样）可能饱受诟病的教派的名称；而这对基督徒来说是不会发生的。——有位评论家就曾这样在《哈勒学报》上主张，耶和华（Jehovah）的名字应当读作"雅威（Jahwoh）"。但是，这种更改将会显得其所表示的是一个单纯的民族神，而不是世界的主人了。——康德原注

第二章　附录：借助于神学系和哲学系之间的争执实例来阐明系科之争

德性中建立起来，异教则不把这种本质性的东西建立于此；这要么是因为它根本缺乏一个超自然的和道德的本质的概念（Ethnicismus brutus [野蛮的异教]），要么是因为它把某种不同于笃行德性的生活方式的意向的东西，从而把宗教的非本质性的东西当作宗教成分（Ethnicismus speciosus [精致的异教]）。

于是，同时应当被设想为神的诫命的那些信条：要么仅仅是**规章性的**，从而对我们来说是偶然的，是启示学说；要么是**道德的**，从而是与它们的必然性的意识结合在一起的，是可以先天地认识的，也就是说，是信仰的**理性学说**。前一种学说的总体构成**教会信仰**，而后一种学说的总体则构成纯粹的**宗教信仰**。[1]

要求一种教会信仰具有**普遍性**（catholicismus hierarchicus [教阶制的大公主义]）是一种矛盾，因为无条件的普遍性要以必然性为前提，而必然性只有在理性本身充分地给信条奠基的地方才能发生，因而这些信条就不只是规章。与此相反，纯粹的宗教信仰则拥有对普遍有效性的合法要求（catholicismus rationalis [合理的大公主义]）。因此，在信仰事务中的教派分化就绝不会在后者那里发生，而在遇到这种教派分化的地方，它总是源于教会信仰的某种错误：即把它的规章（甚至神的启示）当作宗教的本质性部分，从而用信仰事务中的经验主义偷换了理性主义，并由此把仅仅偶然的东西冒充为本身必然的东西。既然在偶然的学说中可能存在着各种相互冲突的东西，部分是条令，部分是对条令的解释，因而很容

[7:50]

---

[1] 我并不把这种划分认作精确的和符合习惯的言说方式，不过它可以暂时适用于此。——康德原注

易就可以看出，单是未经纯粹的宗教信仰净化过的教会信仰，将会是信仰事务中无限多的教派的一个丰富源泉。

  为了确定地指出这种净化之所在，我认为最适用的试金石就是这个命题：任何一种教会信仰，只要它把只是规章性的信仰学说冒充为本质性的宗教学说，就都有某种**异教的混杂**；因为异教就在于把外在于宗教的东西（外在于本质的东西）冒充为本质性的东西。这种混杂可能逐渐达到这种程度，以至于整个宗教都由此而转变为一种只是把习俗冒充为法则的教会信仰，然后就成了赤裸裸的异教[1]，而且通过声称这些学说是神的启示，是根本抵挡不住这种骂名的；因为使这样一种信仰方式理应被冠以异教的名称的，并非那些规章性的学说和教会义务本身，而是赋予它们的无条件的价值（即绝不只是载体，而是本身就是宗教的成分，哪怕它们并不带有任何内在的道德内容，因而不是启示的质料，而是把启示纳入载体的实践意向之中的形式）。按照这样一种信仰进行祝福或者诅咒的教会权威，会被称为教士专权（Pfaffentum）；那些自称为"抗议者"[2]的人，也不能被从这一尊称中排除，如果他们考虑把自己的信仰学说的本质性的东西建立在对理性未告诉他们任何东西的那些命题和仪式的信仰之中，而且那些命题和仪式在同等程度上适

[7:51]

---

[1] **异教**（Heidentum）[异教信仰（Paganismus）]按照词义是丛林[杂草丛生的荒原（Heiden）]中的民族的宗教迷信，也就是说，是一群其宗教信仰还没有任何教会制度（kirliche Verfassung），从而没有公共法则的人的宗教迷信。但是，犹太教徒、伊斯兰教徒和印度教徒并不把任何他们的法则以外的东西看作法则，并且用蔑称（Goj、Dschaur [译者按：均为"异教徒"之意]等），亦即非信徒（Ungläubigen）来称呼不具备同样的教会戒律的其他民族。——康德原注

[2] Protestanten，即新教徒，又叫"抗议宗"。——译者注

第二章　附录：借助于神学系和哲学系之间的争执实例来阐明系科之争

宜于被最坏、最卑劣的人与最好的人来信奉和遵循的话；哪怕他们如其一直希望地再加上一个似乎从前者的神奇力量中发源（从而不具备自己的根源）的种种德行的如此庞大的后援。

因此，从教会信仰开始运用权威来为自己说话，而不重视通过纯粹的**宗教信仰**来校正自己的那一点上，也就开始了教派分化；因为，纯粹的宗教信仰（作为实践的理性信仰）不可能丧失其对人类灵魂的那种与自由意识结合着的影响，而教会信仰却对良知施加强制，所以，每一个人都力图为了自己的意见而将某种东西带进教会信仰或从中得出某种东西。

这种强制要么引起与教会的纯然分离（分离主义），即放弃与教会的公开联系；要么引起在教会形式方面持异议者的公开分裂，尽管他们就质料而言承认同一个教会（教会分裂论者）；要么引起不同政见者就某些信仰学说而言组成特殊的、并不总是秘密的、但却并未被国家批准的社团（宗派主义者），他们中的一些人还从同一种资源中得出了特殊的、不适合于广大公众的、秘密的学说（仿佛是虔诚俱乐部成员）；最后还有虚伪的争执调解人，他们认为通过把不同的信仰方式加以融合就能够满足所有的人（调和主义者）。这些人比宗派主义者还要糟糕，因为他们在宗教方面一般将无所谓的态度作为基础，而且因为在民众中必须有一种教会信仰，不管是这种还是那种教会信仰，只要它能够便于政府为了自己的目的而操纵就行。这是一条原理，若出自统治者本人之口，固然是完全正确的，甚至是智慧的，但在臣民自己的判断中，他们必须从自己的道德兴趣出发来掂量这件事情，那就会暴露出对宗教的极度轻视。因为某个人在其教会信仰中所采纳的宗教载体是什么性状，这对宗教来说并不是无所谓的事情。

[7:52] 就教派分化（这种分化如同在新教徒那里发生的那样，尽可以昂首直达教会的多样化）而言，人们虽然习惯于说：有多种宗教（其实是一个国家里教会信仰的多种形式）是好事，而且就它是一个好的标志，亦即表明让民众有信仰自由而言，这样说也是正确的；但是，真正说来这只是一种对政府的赞扬。然而，这样一种公共的宗教状态本身却并非好事，它的原则具有这样的性质，以至于它并不像一种宗教的概念所要求的那样，随身带有本质性的信仰准则的普遍性和统一性，并把起源于本质之外的东西的争论与起源于那种宗教概念的争论区别开来。因此，在宗教载体对于作为终极意图（即在道德上改善人）的宗教本身的较大或较小的恰当性和不恰当性方面的各种意见的区别至多可以造成教会教派（Kirchensekten）的差别，但不应由此造成宗教教派（Relitionsekten）的差别，这种差别是直接与宗教（因而也就是不可见的教会）的统一性和普遍性相违背的。因此，被启蒙了的公教徒和新教徒将能够视彼此为信仰的兄弟，而又不会相互混淆，二者都期待着（并探求这一目的）：在政府呵护下，时间将逐渐地使信仰的仪式（当然，这里的信仰必须不是通过纯粹的道德意向而是通过某种别的东西来取悦上帝或者与上帝和解的信仰）接近其目的的尊严，亦即接近宗教本身。——甚至对犹太教徒来说，这种情况

第二章 附录：借助于神学系和哲学系之间的争执实例来阐明系科之争

无须犹太教徒的普遍皈依[1]（即皈依作为一种**弥赛亚**信仰的基督教）的幻梦也是可能的，如果在他们当中，像现在所发生的那样，唤起了经过净化的宗教概念，并抛弃那种已没有任何用处的、反倒排斥一切真正的宗教意向的旧崇拜的外衣的话。既然他们曾经如此长久地拥有**没有人穿的外衣**（没有宗教的教会），但同时**没有穿外衣的人**（没有教会的宗教）也没有得到很好的保护，因而他们需要一个在其目前状态下最适合于终极目的的教会的某些形式，那么，人们就可以把这个民族的一个非常优秀的头脑**本·大卫**[2]的思想，即公开接受**耶稣**的宗教（也许连同其载体，即《**福音书**》），不仅视为非常有利的建议，而且视为唯一的一种建议，其实施会使这个民族无须在信仰的事务上与其他民族混同，就能很快作为一个有学问的、教养良好的、有能力拥有公民状态的一切权利的、其信仰也能够被政府批准的民族而引人注目；在这种时候，当然就必须让他们

[7:53]

---

[1] 摩西·门德尔松以一种为他的**机智**带来荣誉的方式（通过一种 argumentatio ad hominem [针对人身的论证]）驳斥了这种无理的要求 [译者按：门德尔松（Moses Mendelsohn, 1729—1786）是德国犹太哲学家，18世纪德国启蒙运动的代表人物，康德在这里援引的观点是在门德尔松的名著《耶路撒冷——或论宗教权力与犹太教》（1783）中提出的。argumentatio ad hominem 指一种因人而异的逻辑谬误，相当于通常所讲的"看人下菜碟"]。只要（他说）上帝没有在西奈山上像他（在电闪雷鸣中）给我们颁布律法那样郑重地废止我们的律法，也就是说，永远都不废止，我们就始终受律法的约束；借此他大概是想说：基督徒们，如果你们把犹太教的因素从**你们自己**的信仰中清除掉，那么我们也将放弃我们的信仰。——但是，通过这种强硬的要求，他至少断绝了他的教友们减轻压迫他们的沉重负担的希望，尽管他也许极少把这种希望看作在本质上是属于他的信仰的，这是否会给他的**善良意志**带来荣誉，这些人自己会判定。——康德原注

[2] 本·大卫（Lazarus ben David, 1762—1832），犹太裔的德国哲学家和数学家，康德批判哲学的解释者和追随者，曾于1794—1797年在维也纳宣讲康德哲学，并出版了阐释三大批判的讲演录。——译者注

自由地（对《托拉》和《福音书》）解经，以便把作为犹太人的耶稣对犹太人言说的方式与作为道德教师的耶稣通常对人类言说的方式区别开来。——犹太教的善终就是抛弃了一切旧的条令教义的纯粹的道德宗教，其中的一些教义当然还必须在（作为弥赛亚信仰的）基督教中保留下来；这种教派的区别最后却也必定会消失，并且至少在精神上引向人们称之为尘世宗教变迁的这出伟大戏剧的结局的东西（万物的复归），因为只有一个牧人和一个牧群。

* * *

但是，如果有人不仅问基督教是什么，而且问基督教的教师要如何着手，才能在人们的心中现实地找到这样一种宗教（这跟那个任务是一回事：要怎么做才能使宗教信仰造就更好的人？），那么，目的虽然是同一个，且不可能引发教派的区分，但达到目的的手段之选择却很可能会导致这种区分，因为对于同一个结果来说，可以设想不止**一个**原因，因而就到底是这样一种手段还是那样一种手段最适合目的并且是属神的而言，可能产生意见的差别和争执，从而可能产生原则方面的即涉及一般宗教的（在主观的含义上）本质性东西的某种分裂。

[7:54]

既然达成这样一种目的的手段不可能是经验性的——因为这样的手段最多是在行为上起作用，却并不在意向上起作用——，所以，对于把一切**超感性的东西**同时都视为**超自然的**这种人来说，上述任务就必须转换为这个问题：重生（作为某人借以成为另一个新

第二章 附录：借助于神学系和哲学系之间的争执实例来阐明系科之争

人的皈依的结果）是如何通过神的直接影响而成为可能的？而为了获得这种影响，人应当做什么呢？我主张，无须请教历史（历史虽然能够提出各种意见，但却不能表明它们的必然性），人们就可以先天地预测一种不可避免的教派区分，这种区分仅仅是这项任务在那些人之中造成的，对他们来说，为一种自然的结果而呼唤超自然的原因是一件小事；的确，这种分裂也会是唯一能使人有权命名两个不同的宗教教派的分裂；因为其他那些被人们错误地如此称谓的分裂，只是教会的各个教派，并不涉及宗教的内核。——但是，任何一个问题由以构成的首先是任务的**提出**，其次是它的**解决**，最后是为解决提供了所要求的东西的**证明**。因此：

1. 这个任务（正直的**施佩纳**[1]满怀热忱地向教会的所有教师呼吁的任务）就是：宗教宣讲的目的必须是让我们成为**另一个人**，而不单单是更好的人（就好像我们已经是好人了，只不过是好的程度不够罢了）。这个命题对**正统派**（一个构想得不坏的名称）设置了障碍，正统派通过对纯粹的启示学说的信仰和由教会规定的仪式（祷告、上教堂和领受圣礼），再加上可敬的（尽管混杂有种种越轨，但经过那种信仰和仪式总是能够重新变好的）生活方式，而建立起了取悦上帝的方式。——因此，这个任务完全是建立在理性基础之上的。

2. 但问题的解决却完全是**神秘主义**的，就像人们对宗教原则中的超自然主义所能够期待的那样；这种超自然主义，由于人天生

---

[1] 施佩纳（Philip Jacob Spener, 1635—1705），也被译作"斯彭内尔"，德国虔敬派神学家，其《虔敬的愿望》（*Pia Desideria*, 1676）是虔敬派的基础文献。——译者注

[7:55] 就已死于罪中,让人对从自身的力量所做的一切改善都失去了希望,甚至不指望从他的本性中的本源的、真实无妄的道德禀赋出发的改善;这种禀赋虽然是**超感性的**,却仍被称作身体的,因为它的结果并不同时是**超自然的**,除非在这种场合下改善的直接原因只是(上帝的)圣灵。——对这一任务的神秘主义的解决于是就把信徒们划分为超自然影响的**情感**的两个教派:在一个教派那里,情感必然是**磨折**(悔恨)型的,而在另一个教派那里,情感必然是**融化**(在与上帝的永福联结中消融自己)型的,以至于这个问题的解决(使恶人变好)是从两种截然对立的立场出发的("立志虽然善良,却缺乏实行"[1])。也就是说,在一个教派中,事情只取决于在自身中**摆脱**恶的统治,此后善的原则就会自行到来;在另一个教派中,事情则取决于将善的原则纳入自己的意向,此后凭借一种超自然的影响,恶就再也不能为自己找到位置,而善就会独自来统治了。

关于这样一种只有通过超自然的影响方才可能对人进行道德上的变形(Metamorphose)的理念,尽管早就在信徒们的脑子里**盘旋**,但却只是在近代才得到正确的表达,并且在皈依学说中产生了**施佩纳—法兰克**派和**梅伦的—钦岑道夫**派(虔敬主义和摩拉维亚

---

[1] 参看《罗马书》7:18:"因为立志为善由得我,只是行出来由不得我。"——译者注

第二章　附录：借助于神学系和哲学系之间的争执实例来阐明系科之争

主义）[1]的教派区别。

　　按照**第一派**的假说，善从恶（人的本性是与之混合在一起的）中分离出来乃是通过一种超自然的运作，即通过在忏悔时心的悔恨和磨折而发生的；忏悔是一种濒临绝望的，但也只有通过一个天国精神的影响才能达到其必要程度的**哀伤**（maeror animi [心灵的忧伤]）；人必须自己祈求这种哀伤，因为他对自己不够哀伤而感到哀伤［因而悲伤（Leidsein）对他来说毕竟不可能是完全出自内心的］。这种"自我认识的地狱之行"，如已故的**哈曼**[2]所说，"于是就开辟了通往崇仰（Vergötterung）的道路"。也就是说，在这种忏悔如火如荼地达到其最高点之后，就会发生**断裂**，而且重生的纯钢就在钢渣底下闪闪发光，这些钢渣虽然包围着它，却并不污染它，这就特别能够在一种善的生活方式中做出为上帝所喜悦的应用。——因此，这种极端的转变开始于某种**奇迹**，而结束于因受**理性**规范而被人们通常习惯于看作自然的东西，也就是说，结束于道德上善的生活方式。但是，由于哪怕在具有神秘情调的想象力极度高扬之时，也毕竟不能使人完全解除一切自身行为而使他完全成为机器，所以，坚持不懈的热烈的**祷告**还是他有义务去做的事情 [7:56]

---

[1] 法兰克（August Hermann Franck，1663—1727），哈勒大学的神学教授和牧师，虔敬派代表人物，由于他的努力，哈勒大学成为虔敬派的大本营；钦岑道夫（Nikolaus Ludwig von Zinzendorf，1700—1760）是德国伯爵，曾领导创立于1467年的宗教团体波西米亚兄弟会，并将其改造为摩拉维亚兄弟会（1722）。"梅伦的"，原文为Mährisch，梅伦（Mähren）为捷克城市，剑桥英译者将其意译为"摩拉维亚兄弟会的"，合起来译作"钦岑道夫的摩拉维亚兄弟会的"。——译者注

[2] 哈曼（Johann Georg Harmann，1730—1788），哥尼斯堡人，曾在英国等地游历，长期在哥尼斯堡政府任小职员，是康德的朋友与批评者，对启蒙运动的理性化倾向表示怀疑，强调文化传统、民族语言和历史等的积极意义。——译者注

（就人们一般来说愿意让它被视为一种行为而言），而且唯有借助于祷告他才能指望那种超自然的结果；但对此还是产生了如下疑虑：既然祷告如人们说的那样只有在信仰中发生才是可被倾听到的，但信仰本身又是一种神恩的结果，也就是说，是人不能通过自己的力量而达到的某种东西，所以他就与自己的神恩的手段一起被带进了循环，其实最终也不知道他应当如何处理这件事情。

按照**第二个**教派的意见，意识到自己的罪恶性状的人为了改善而迈出的第一步，完全是通过**理性**自然地发生的；理性因为借道德法则在人面前竖立了一面镜子，让人在其中看到了自己的卑劣，从而利用向善的道德禀赋，使人下决心从此以道德法则作为自己的准则；但这一决心的实现却是一个**奇迹**。也就是说，他要避开恶灵的旗帜，转到善灵的旗下，这是一件容易做到的事情。但是，坚守善灵的旗帜，在善之中日益前进，不再堕回到恶之中，这是他以自然的方式不可能做到的事情，为此丝毫不需要别的，倒是需要对一种超自然的共同体的情感，甚至是一个与天国精神持续交往的意识；在此，虽然在他和天国精神之间，一方面不可能缺少责备，另一方面也少不了谢罪，但毕竟不必担心有一种不和或者（从神恩的）倒退；只要他考虑不断地进行这种本身是一种持续默祷的交往活动就行。

在此，对于成为一个新人的任务的秘诀，就提出了一种双重的神秘主义的情感理论；这里所关心的不是一切宗教的**客体**和目的（令上帝喜悦的生活方式，因为在这一点上双方是一致的），而是**主观**的条件，唯有在这些条件下我们才获得在自身之中将那个理论

第二章 附录：借助于神学系和哲学系之间的争执实例来阐明系科之争

付诸实行的力量；这里所说的不可能是德行（它是一个空洞的名称），而只能是**神恩**，因为两派在这件事不可能自然地发生这一点 [7:57]
上是一致的，但却在下面这一点上又是彼此有分歧的，即一派坚持为了摆脱恶灵的控制必须要与之做**可怕的**斗争，但另一派则认为这根本不必要，认为它甚至作为善功的神圣性（als Werkheiligkeit）都是可鄙的，而直接与善灵缔结盟约，因为过去与恶灵的盟约（作为 pactum turpe [丢脸的盟约]）根本不可能对此提出任何抗辩；因此，重生作为灵魂状态中一劳永逸地发生的超自然的和彻底的革命，也许就可以使一种出自双方互相对峙的情感的教派区别在表面上变得清晰可见。[1]

3. 证明：如果第2点所要求的事情发生了，那么，第1点的任务就将由此得到解决。——这种证明是不可能的。因为人必须证明，在他之中将产生一种超自然的经验，而这种经验本身就是一个矛盾。最多可以承认的是，人在自身中会产生出一种有关某种变化的经验（例如，关于新的、更好的意志所规定的经验），对此除了凭

---

[1] 当整个民族都是在这样的教派中被教育出来的（如果这是可能的）时，他们会具有什么样的国民面相（National physiognomie）呢？毫无疑问的是，这样一种面相会表现出来：因为对内心所施加的经常重复的、尤其是违反自然的压力，会表现在神情和语言的腔调中，而表情最终会成为固定的面部特征。**有福的**（Beate），或者如尼古莱先生 [译者按：据剑桥版英译本的注释，尼古莱（Christian Friedrich Nikolai, 1733—1811）是柏林出版商，也是一位通俗哲学家] 所说，**被祝福的**面容会与其他那些有教养的、开化了的民族区别开来（这恰恰不是它的优点）；因为这是漫画中对虔诚的描绘。但是，用虔敬主义者的称号来做教派名（教派名总是与某种蔑视相关联），却并非对虔诚的蔑视，而是表面谦卑实则傲慢、幻想的僭妄，即自我标榜为超自然的和受宠的天国儿女，尽管就人们所能够看到的而言，他们的生活方式在道德性上并不比他们所称的尘世儿女表现出丝毫优势。——康德注

[7:58] 借一个奇迹之外,他不知道有什么其他的解释,因而这就是关于某种超自然的东西的经验。但是,对于一种经验,人甚至连向自己证明它实际上是经验都做不到,因为这种经验(作为超自然的)不能被归结到我们知性的本性之任何规则上并由此而得到确证,那么,这种经验就是对某些感觉的阐释,对于这些感觉,人们不知道应当从中得出什么,它们作为属于知识的东西是否有一个现实的对象,或者只能是梦幻。想要**感受**神性本身的直接影响是一种自相矛盾的僭妄,因为神性的理念仅仅存在于理性之中。——因此,一种任务连同其解决在这里就没有任何一种可能的证明;从中也永远不能得出任何合乎理性的东西。

现在还有一个关键问题需要探究,即除了上述两个教派所包含的原则之外,《圣经》是否还包含了解决那个施佩纳式问题的另外一个原则,它也许能够补偿单纯正统派教会原理的那种无成果性。实际上,引起人们注意的不仅仅是在《圣经》中可以找到一条这样的原则,而且可以令人信服地确定,只有通过这一原则和包含在这一原则之中的基督教,这部经书才能获得如此广泛的作用范围和对世界如此持久的影响,这种作用是任何启示学说(本身)、任何对奇迹的信仰、任何众多认信者的一致呼声都不能产生的,因为它们不是从人自身的灵魂中汲取的,从而对人来说,必然总是会将其保持为异己的。

也就是说,在我们之中有某种我们一旦发现就永远不可能停止赞叹的东西,而这同时也是那种把理念中的**人性**提高到某种尊严的东西,这种尊严是不应当被放在作为经验的对象的**人**身上去

第二章 附录：借助于神学系和哲学系之间的争执实例来阐明系科之争

猜想的。我们是服从道德法则的存在者，是为了遵循这些法则甚至可以牺牲一切与之相抵触的生活舒适而被我们的理性规定的存在者，对此，人们并不感到惊奇，因为遵从那些法则这一点客观地存在于作为纯粹理性之客体的那些事物的自然秩序之中；普通而健全的知性从来不会想到去询问我们能够从哪里得到那些法则，否则我们会把对它们的遵守一直推延到知道它们的起源之后，或者就干脆怀疑它们的真理性。——但是，我们也有为了道德而使我们的感性自然做出如此巨大的牺牲的**能力**，以至于我们也**能够**做到我们很容易清楚地理解到的事，即我们**应当**做到的事；这就是我们里面**超感性的人**对**感性的人**的优越性，亦即（如果发生冲突）感性的人在超感性的人面前就是虚无，尽管感性的人在他自己的眼中就是**一切**，这种在我们里面道德的、与人性不可分割的禀赋，就是最高的**赞叹**的对象；人们凝视这个真实的（而非臆造的）理想越久，这种赞叹就越是增强，以至于我们可以谅解那样一些人，他们由于被这种理想的不可理解性诱惑，而把我们里面的这种**超感性的**东西——它毕竟是实践的东西——看作**超自然的**，也就是看作某种根本不在我们的掌控中并且不属于我们自己的东西，而且毋宁说是看作来自另一个更高级的精神的影响；但他们在这一点上犯了大错：因为这样一来这种能力的作用就不会是我们的行为，从而也不可能被归因于我们，因而这种能力也将不会是我们的能力。——对于这种以不可理解的方式寓于我们里面的能力的理念的利用，以及自少年时代起并且后来在公开的宣讲中对它发自内心的解释，就包含着那个（关于新人的）问题的真正解决，而且甚

[7:59]

至《圣经》似乎也不曾关注过其他的事情，也就是说，《圣经》并不是指向超自然的经验和狂热的情感，似乎是它们而不是理性才应当导致这场革命，而是指向基督的精神，为的是如同基督以教导和榜样所证明的那样，使这种精神成为我们的精神，或者毋宁说，既然这种精神已经与本源的道德禀赋一起存在于我们心中，就只需为它取得空间即可。这样，在缺乏灵魂的**正统主义**和扼杀理性的**神秘主义**之间，《圣经》信仰学说，就像它能够凭借理性从我们自身中发展出来那样，是以神的力量使所有人的心致力于根本的改善，并把他们联合在一个普遍的（尽管是不可见的）教会之中的，建立在实践理性的**批判主义**（Kritizism）之上的真正的宗教学说。

* * *

但在这一注释中真正起决定性作用的，是对如下问题的回答：政府是否能够批准某个情感信仰（Gefühlglaubens）的教派建立教会；或者，政府在不违背自己的意图的情况下，是否虽然能够容忍和保护这样一个教派，但却又不能以建立教会的特权为它增光。

如果可以假定（正如人们有理由可以这样做一样）：为臣民们未来的永福操心并且给他们指明通达这种永福的道路，这根本不是政府的事情（因为它必须将这件事留给这些臣民自己去做，甚至统治者本身通常也是从民众及其导师们那里获得他自己的宗教），那么，它的意图就只能是，也用这种手段（教会信仰）来获得驯服的和道德上善良的民众。

第二章 附录：借助于神学系和哲学系之间的争执实例来阐明系科之争

为了这个目的，首先，政府将不批准任何**自然主义**（没有《圣经》的教会信仰），因为在自然主义那里根本不会有任何服从政府影响的教会形式，这是与前提条件相矛盾的。——因此，《圣经》正统就会是政府用来约束官方的民众导师的东西，而对这些导师来说，《圣经》正统又将接受所涉及的各系科的评判，因为否则就会产生一种教士专权（Pfaffentum），亦即教会信仰的工作人员按照自己的意图来控制民众的统治方式。但是，政府不会借自己的权威来认可**正统主义**，即认可教会信仰足以成为宗教这种意见；因为这种意见将使道德性的自然原理成为附带的事情，而道德性其实倒是政府必须能够依靠的主要支撑，如果它应当相信自己的民众的话。[1] 最后，政府最不能做的，就是把民众关于自己能够分享超自然灵感的意见的这种神秘主义，提升到一种公共的教会信仰的地位，因为它根本不是公共的东西，因而会完全摆脱政府的影响。

---

[1] 唯一可以使国家在宗教事务中感兴趣的东西，就是这些事务的导师们应当教导什么，以便国家拥有有用的公民、良好的战士和一般而言忠诚的臣民。如果国家为此目的，选择在规章性信仰学说和这些神恩手段方面鼓吹正统信仰，那么它在这里就会把事情搞得很糟。因为既然接受这些规章是一件容易的事情，而且对于满脑子坏思想的人来说比对于好人来说更容易，与此相反，道德意向的改善则需要繁重而长久的辛劳，但是如果他被教导主要希望通过第一种方式获得永福，那么他就可以不为自己（只要是谨慎地）违反自己的义务而深感疑虑，因为他有一个不会出错的现成的手段，通过对一切奥秘的正信和对神恩手段的紧急利用，来逃脱上帝的正义惩罚（只是他必须不错过时间）；与此相反，如果教会的那种学说直接指向道德性，那么，他的良知的判断就会有完全不同的内容，也就是说，只要他未能对自己所做的坏事有所补偿，他就必须为此而向一个未来的审判者做出回答，而不可能有任何教会手段、任何由畏惧逼迫出来的信仰，以及这样一种出于畏惧的祷告（destine fata deum flecti sperare precando [指望用祷告来改变神的定数]）能够使他逃脱这种命运。靠哪一种信仰，国家会更安全呢？——康德原注

[7:61] 系科之争的和平协定和调解

在仅仅涉及纯粹的但却是实践的理性的各种争执中,哲学系毫无异议地拥有进行宣讲和对有关形式上的东西的进程加以**指导**的优先权;但如果关涉质料,那么神学系则坐稳了标志着优先地位的交椅,并不是因为它在理性的事情中能够比其他系科具有更多的洞见,而是因为这涉及人类最重要的事务,因而领有最上层的系科这一头衔(但只是作为 prima inter pares [两者之间的优先者])。——但它并不是按照纯粹的和先天可认识的理性宗教的法则来发言的(因为那样它就会降低自己而被贬到哲学的位置上去了),而是按照在一部首先被称作《圣经》的书中,也就是在人和上帝好多个世纪前缔结的旧约和新约的一部启示正典中包含着的**规章制度性的**信仰规范来发言的,但这部正典作为一种历史信仰(而不是单纯的道德信仰,因为后者也有可能是从哲学中引出来的)的可靠性,却可以更多地从阅读《圣经》对人的心灵可能造成的效果中,而不是从凭借对其中包含的学说和故事的批判性的检验而建立起来的论证中得到期待,其**解释**也不是托付给平信徒的自然理性,

第二章　附录：借助于神学系和哲学系之间的争执实例来阐明系科之争

而只是托付给经学家们的敏锐洞见。[1]

《圣经》信仰是一种**弥赛亚主义**的历史信仰，它的基础是一本[7:62]
上帝与亚伯拉罕立约之书，并且是由一种**摩西的**弥赛亚主义的教
会信仰和一种**福音的**弥赛亚主义的教会信仰构成的，这种教会信
仰如此完整地讲述了上帝的民族的起源和命运，以至于它从一般
世界历史中至高无上的、当时没有一个人在场的东西开始，也就是
从世界的开端（在《创世记》中）开始，追踪这个历史直到万物的
终结（在《启示录》中），——这除了期待一位受上帝的灵感激发的
作者外，不能期待任何别人；——但在这里，就神圣纪年的最重要
的那几个时期而言，却呈现出某种令人疑惑的数字神秘教义，它有

---

[1] 在教会信仰的罗马天主教系统中，涉及这一点（阅读《圣经》）要比在新教系统中前后一贯得多。——改革宗的牧师拉·柯斯特对他的教友们说："上帝的道是从（《圣经》的）源泉本身中创世的，在那里你们才有可能取得纯净的、未掺假的道；但是你们必须在《圣经》中发现的不是别的，而就是我们在其中所发现的东西。——现在，亲爱的朋友们，最好告诉我们，你们在《圣经》中发现了什么，以免我们不必要地自己到其中去寻找，而最后我们自以为在其中找到的东西又被你们宣布为对《圣经》的不正确的解释。"天主教教会在"（天主教）教会之外无救恩"这一命题中的说法也比新教教会前后更加一贯，后者这样说："一个人即使作为天主教徒也能享天福。"因为如果是这样（**波舒哀**语），那么人们选择皈依前者就是最可靠的，因为毕竟没有一个人能够要求比有天福更有天福。——康德原注 [译者按：波舒哀（Jacques Bénigne Bossuet, 1627—1704），法国主教、神学家，以讲道和演说闻名，被认为是法国历史上最伟大的演说家。]

可能对这种《圣经》历史叙述的可靠性的信仰造成某种削弱。[1]

[7:63]　　一部并不是从人类理性中引出来的，但毕竟按照终极目的来说是和人类理性即道德—实践的理性完全一致的、**规章性的**（因而是来源于启示的）神圣意志的律法书，也就是《圣经》，将会是指导人和公民获得暂时的和永恒的福祉的有力工具，只要它能够被作为上帝的道（Wort）而得到认证，并被文献证明自己的可靠

---

[1] 70个启示录月（它们在这个循环中有4个），每个月为29.5年，就得出2065年。其中除掉每个第49年作为大安息年（它们在这个时段中有42个）；剩下的恰好是2023，就是亚伯拉罕走出上帝赐给他的迦南地到埃及去的那一年。——从那时直到以色列的子孙占领那块土地是70个启示录周（＝490年）——而且将这样一年周乘以4（＝1960年）再加上2023，按照**佩托**的计算 [译者按：Peter Petau（1568—1614），大法官，法国古籍收藏家和文物收藏家]，恰好得出基督诞生年（＝3983年），甚至一年都不差。——70年后耶路撒冷被毁（也是一个神秘主义的时期）。——但**本格尔**[译者按：Johann Albrecht Bengel（1687—1752），新教虔敬派牧师，希腊语学者，以编希腊语《新约》及对它的解释而闻名] 在《时代的次序》（第9章第218页以下）中不是推出3939是基督诞生的年数吗？但这丝毫也无改于由7构成的数目的神圣性。因为从上帝召唤亚伯拉罕到基督诞生的年数是1960，它分4个启示录周期，每个是490年，或者也分为40个启示录周期，每个是7×7＝49（年）。如果从每个第49年减去那个**大**安息年，并且从每个**最大**的安息年即第490年中减去一年（总共44年），那么恰好剩下3939年。——所以年数3983和3939作为规定得不同的基督诞生年，区别只是在于：如果在前者的时间中属于4个大时期的时间的东西减去安息年的数目，这就产生出后者的年数。根据本格尔的说法，圣史的年表将会是如下的样子：

　　2023：上帝向亚伯拉罕应许迦南地；
　　2502：亚伯拉罕占领迦南地；
　　2981：第一圣殿落成；
　　3460：发布命令建造第二圣殿；
　　3939：基督诞生。

　　就连大洪水的年份也可以这样先天地算出来。也就是说，4个等于490年（＝70×7）的时期得出1960年。其中减掉每个第7年（＝280年），剩下1680年。从这1680年扣除其中所包含的每个第70年（＝24年），剩下1656年，这就是大洪水年。——从大洪水到上帝召唤亚伯拉罕也是整整366年，其中一年是闰年。

　　我们现在应当对此说什么呢？神圣数字难道就规定了世界进程吗？——弗兰克的《约比留斯循环》同样是围绕神秘主义编年学这个中心旋转的。——康德原注

第二章 附录：借助于神学系和哲学系之间的争执实例来阐明系科之争

性。——但这种情况面临着诸多困难。

因为假如上帝确实在对人说话，那么人却毕竟永远不会**知道**那是上帝在对他说话。人要通过自己的感官把握那位无限者，把他与感性存在者区别开来，并凭借什么来**认识**他，这是绝对不可能的。——但人相信听到了其声音的**不**可能是上帝，这一点他倒是可以通过一些事例来确信的；因为，如果通过这种声音命令他做的事情是违背道德的，那么尽管他觉得这一现象仍然是如此威严而且超乎整个自然之上，他却不能不将之作为欺骗来看待。[1]

于是《圣经》作为一种在教义和榜样中用作规范的福音的弥赛亚信仰，它的认证就不能被看作是从它的作者对上帝的丰富学识（因为他总归是一个可能犯错误的人）中汲取的，而必须被看作是由出自民众自身——这些民众就自身而言（在科学的事情上）都是愚氓——的那些教师们从它的内容对民众在道德上发生的影响中汲取的，因而也是从寓于每个普通人心中的普遍的理性宗教的纯粹源泉中汲取的，这种理性宗教正是由于这种单纯而必然对民众的心产生最广泛和最有力的影响。——《圣经》借助于某些规章性的规范而充当了这种理性宗教的载体，它给宗教在公民社会中的实行提供了某种**形式**来作为某种治理方式，因而这种律法书作为某种圣书（我们的一切义务作为神圣诫命的总和）的可靠性就其

[7:64]

---

[1] 可以用作事例的是有关献祭的神话，亚伯拉罕鉴于上帝的命令而想要杀掉和焚烧自己的独生子（这个可怜的孩子还一无所知地背着用于焚烧的柴）。亚伯拉罕本来必须这样来回答这种被误认为是上帝的声音："我不应当杀死我的好儿子，这是完全确定的；但是向我显现出来的你是上帝，对此我却完全不确定，也不可能确定。"哪怕这声音是从（可以看见的）天上传下来的。——康德原注

精神（道德的事情）而言对自己进行了认证和文献证明；但就其字面上（规章性的东西）来说，这部书中的那些章程并不需要任何认证，因为它们不属于本质的东西（principale [原则性的东西]），而只属于其中附带的东西（accessorium [附属的东西]）。——但把这部书的起源建立在它的撰写者的灵感迸发（deus ex machina [救急神[1]]）上，以便把书中这些并非本质的规章神圣化，这就反而必然会削弱而不是加强了对它的道德价值的信任。

证明这样一部经书是一部神圣的经书，这不可能从历史叙述中，而只能从它在人心中建立起宗教的那种经过考验的力量中引出来，而且，当它被各种各样（旧的和新的）规章败坏时，这种力量凭借自己的纯朴而使自己重新恢复到它的纯粹状态。这一工作并不因此就不再是**大自然**的效果和进步的道德文化在**天意**的普遍进程中的成果，而且它需要被解释为这样一种成果，以免这部书的实存**被不信者**归于单纯的偶然，或者**被迷信者**归于某种奇迹，而理性在这两种情况下都会搁浅。

从中得出的结论是这样的：

《圣经》，它作为一种系统的信仰学说，不论是在教义问答的宣讲中还是在布道宣讲中都对人心产生过影响，在自身中包含某种对自己的（道德上的）神圣性在实践意图方面的充分证明根据，以便将它不仅作为普遍的和内在的理性宗教，也作为一种规章性的、

---

[1] 直译为"机械降神"，指旧时的宗教剧中通常在危急关头就用一套机械装置从舞台上方降下神来解决冲突。这里比喻《圣经》作者的灵感就像救急神一样从外部来解释其作用。——译者注

第二章　附录：借助于神学系和哲学系之间的争执实例来阐明系科之争

在不可预见的时间中用作指导线索的信仰学说的（《新约》的）遗嘱来保存：哪怕它在理论的考虑中对于那些从理论上和历史上研究《圣经》起源的学者们，以及对于它的历史的批判性讨论来说，多少有些证据不足。——它的道德内容的**神圣性**由于历史叙述的人性而充分补偿了理性的不足，这种历史叙述仿佛一部古老的羊皮纸文献，有时不可辨认，必须通过疏通和补正而在与整体的关系中得到理解，但在此毕竟有权得出如下命题：《圣经》，**不论它是不是一种神的启示**，都是值得被保存、在道德上被利用并作为宗教的引导手段被配备给宗教的。 [7:65]

那些误以为自己现在已经成长得不再需要这种教会信仰的襁褓的天才大腕们，无论他们现在作为有神博爱教徒[1]在官方为此建立的教会中，还是作为神秘主义者在内心启示的灯光下神魂颠倒，他们的豪放不羁都会使政府马上为自己的宽容感到遗憾，这种宽容忽略了公民社会的秩序和安宁的那种伟大的创建手段和引导手段并将之托付于漫不经心之手。——也不能期待，一旦我们所拥有的这部《圣经》失去了信誉，就会有另外一部来顶替它的位置；因为公开的奇迹并不在同一件事情上发生两次：因为前一次的失败就持久性而言就剥夺了对接下来的奇迹的一切信仰；——但另一方面，当《圣经》的某些规章涉及形式方面要比涉及经书信仰的内容更多，甚至应当对它们的作者提出一些指责时，即使是危言耸听者的叫嚷（国家处在危急中）也不必在意：因为禁止对一种学说

---

[1] 原文为 Theophilanthropen，有神博爱教是法国大革命热月政变后形成的一个宗教教派，是有官方支持的松散的教会机构，于督政府成立后逐渐衰落。——译者注

进行检验是违背信仰自由的。——但是说一种历史信仰就是义务并且是属于永福的,那就是迷信了。[1]

[7:66] 关于《圣经》的**解释技术**(hermeneutica sacra [《圣经》解释学]),由于它不能交给平信徒去做(因为它涉及一个科学体系),所以不可以只是就宗教中规章性的东西来要求解释者声明:他说出来的话是<u>应当被理解为</u>**确凿可证的**,还是<u>应当被理解为</u>**教义上的**。——在前一种情况下解释必须和作者的意思逐字逐句地(在语文学上)相吻合;但在后一种情况下,作者拥有这种自由,就是给文中章节(从哲学上)配以在诠释(Exegese)时所假定的那种

---

[1] **迷信**就是偏爱那种被认为并非以自然的方式而形成的东西,对此建立起比可以按照自然法则来解释的东西更多的信赖——不论是在自然的事物中还是在道德的事务上。——所以人们可以提出这样的问题:是应当把《圣经》信仰(经验性的信仰),还是应当反过来把道德(作为纯粹理性信仰和宗教信仰)用作教师的主导思想。换言之:教义是因为在《圣经》中因而是有关上帝的教义,还是因为它是有关上帝的教义因而在《圣经》中?——前一个命题显然是矛盾的:因为这本书的神圣威望在这里必须预设为前提,以便证明它的教义的神圣性。所以只有第二个命题才能成立,但它是绝对不可能证明的(Supernaturalium non datur scientia [超自然的东西不提供知识])。——这方面有一个例子。——摩西—弥赛亚主义信仰的信徒们看到,他们由上帝与亚伯拉罕约[7:66]而来的希望在耶稣死后完全破灭了(我们原希望耶稣会拯救以色列人);因为在他们的《圣经》中,救赎仅仅被应许给亚伯拉罕的子孙们。如今所发生的是,由于圣灵降临节门徒们聚会,其中一人突然冒出了符合精妙的犹太解释技巧的幸运念头,即哪怕是异教徒(希腊人和罗马人),如果他们相信亚伯拉罕要用他的独生子向上帝献祭(作为救世主的唯一献祭的象征),他们就可以看作已被接受到这个约之中了;因为这时他们已经是亚伯拉罕在信仰上的子孙了(最初是在行割礼的情况下,但后来就不用割礼了)。——毫不奇怪,这一发现在一次盛大的民众集会中展现出了一个如此不可估量的前景,伴随着极大的欢欣鼓舞,仿佛这一前景就已经是圣灵的直接感召一般,这一发现被接受并被看作一个奇迹,而它本身也进入了《圣经》的历史(《使徒行传》)[译者按:将犹太教教义扩展为基督教教义,可参见《使徒行传》10:45-47,11:15-18,14:44-49,15:5-11等处]。但在《圣经》历史中把奇迹当作事实来相信,并将这种信仰强加于人的自然理性,这却是完全不属于宗教的。所以就这样一个教会信仰而言,把这种由于恐惧而被迫地服从当作对永福的需要,就是迷信。——康德原注

第二章　附录：借助于神学系和哲学系之间的争执实例来阐明系科之争

在道德—实践意图中的意义（以便感化学习者）的自由；因为对一个仅仅是历史命题的信仰，就自身而言是僵死的。——现在，前一种情况对于《圣经》学者来说，间接地也对于民众来说，固然在某种实用性的意图上是足够重要的，但宗教学说的真正目的，即从道德上教化出更善良的人，也有可能在这里不仅仅是被错过，而且也许完全被阻碍了。——因为《圣经》的作者们作为人也可能会出错（如果我们不假定某种通过《圣经》而不断延续的奇迹的话），例如**圣保罗**与他的神恩拣选，他真心诚意地把这种神恩拣选从摩西—弥赛亚主义的《圣经》学说转变为福音—弥赛亚主义的《圣经》学说，虽然他对某些人在他们还未出生之前就被遗弃的不可理解性有很大的困惑，因而当人们假定《圣经》学者们的解释学（Hermeneutik）就是不断地分配给解释者的启示时，宗教的神圣性就必然会不断地遭到损害。——因此，唯有这样一种**教义上的**解释，即不是（经验性地）要求知道《圣经》作者有可能把自己的语词和什么样的一种意思结合起来，而是要知道理性（先天地）在道德的考虑中当安排一段话作为《圣经》文本时能够配上一种什么样的学说，这种解释才是唯一在真正的、内在的和普遍的宗教中教导民众的福音书—圣经的方法，这种宗教与作为历史信仰的地区性教会信仰是有区别的；这时，一切才会毫无欺骗地、真诚地和公开地进行，因为与此相反，用民众中无人能够证明的历史信仰来取代每个人都理解的道德上的（唯一使人永福的）信仰，而在每个人的（民众必然会具有的）意图中**行骗**，民众是可以控告自己的教师的。

[7:67]

关于那种已被教导崇拜一部经书的民众的宗教，对经书的教义上的解释在与他们（这个民众）的道德旨趣——感化、道德改善和以此享天福——相联系的同时就是确凿可证的：就是说，上帝愿意知道他在《圣经》中所启示出来的意志被这样理解。因为在这里所谈的并不是某种将民众保持在纪律之下的公民的（政治的）政府，而是某种以道德意向的内核为目的的（因而是神圣的）政府。那位通过我们自己的（道德—实践的）理性而发言的上帝，就是一位对他自己的道的真实不虚的、普遍可理解的解释者，而且绝对不可能对上帝的道有另外一个（例如以历史的方式）得到认证的解释者：因为宗教是一件纯粹理性的事。

* * *

而这样，这个系科的神学家们就负有义务，因而也有权维护《圣经》信仰的正道，但却不能损害哲学家们随时让这种信仰经受理性批判的自由，这些哲学家在短时间内大概可以同意那个上层系科的某种（宗教敕令的）专制的情况，并通过这种郑重其事的套话来尽可能好地保存自身：Provideant consules, ne quid respublica detrimenti capiat.〔但愿执政官的深谋远虑不会让国家遭到什么损失。〕

第二章　附录：借助于神学系和哲学系之间的争执实例来阐明系科之争

圣经历史学诸问题附录：
关于这部圣书的实践利用和对其存续时间的推测

[7:68]

尽管各种意见多变，这部圣书仍然要长期保有威望，这是政府当它在一国民众的和睦安宁方面的旨趣与之紧密相连时，用它的智慧所保证的。但要担保这部书的永恒性，甚至要让它以锡利亚式的方法[1]转化为地上的一个新的上帝之国，这超出了我们的全部预卜能力。——那么，一旦教会信仰不得不失去引导民众的这一重大手段，会发生什么情况呢？

谁是这些圣书（《旧约》和《新约》）的编者，而元典又是在什么时候完成的呢？

为了维护一度被承认的信仰规范，语文学的—古籍鉴定的知识永远是必需的吗？还是理性才会有能力有朝一日从自身并得到普遍赞同地来对这些规范在宗教上的运用加以整理？

根据所谓的七十子译本，我们拥有《圣经》的可靠性证明的充分文献吗？从何时开始我们能够有把握确定《圣经》的年代？如此等等。

---

[1] Chiliastisch，又译"千禧年主义的"，基督教教义认为基督升天一千年之后，耶稣基督将再临人世，并在地上建立上帝之国。——译者注

对这部书的实践利用,尤其是在布道时对它的公开利用,无疑是对人的改善及对他们的道德动机(感化)的激发有贡献的利用。一切其他的意图如果和这种利用相抵触,都必须排在它后面。——所以人们必然会感到奇怪的是:这一准则居然还能够被怀疑,并且对一个文本的**释义式的**(paraphrastische)处理即使不被置于**告诫性的**(paränetische)处理之前,但毕竟至少由于前者而应当已经使后者黯然失色了。不是注经的学问,以及人们借助于这种学问通过那些经常只是错误修订的语文学知识从《圣经》中**抄录下来**的东西,而是人们用道德的思维方式(因而按照上帝的精神)**带进**《圣经》的东西,以及那些从来不骗人的也永远不可能毫无有益影响的教义,才必定会给对民众的这种宣讲提供指导:这就是说,把文本**仅仅**(至少是**主要地**)作为促进一切(在此可以想到的)改善道德的东西来对待,而不需要去研究《圣经》的作者们自己本来打算在里面说的东西。——一场旨在把感化作为最终目的的布道(正如每次布道都应该的那样)所展现的教导,必须是出于听众的**心**,也就是出于自然的道德禀赋,甚至是那些最缺乏教育的人的自然道德禀赋,如果由此想要造成的意向应当纯正的话。与此结合着的经文的**见证**也不应当是**证实**这些教义的真理性的历史证据(因为在这里,道德上主动的理性并不需要这些证据,而且经验性的知识也做不到这一点),而应当只是实践的理性原则运用于《圣经》故事的

第二章 附录：借助于神学系和哲学系之间的争执实例来阐明系科之争

事实之上的一些例子，以便使这些原则的真理性更直观；但这对于整个尘世上的民众和国家来说都有某种极其可观的好处。

附录：论宗教中的一种纯粹的神秘主义[1]

我从《纯粹理性批判》中学习到，哲学绝对不是一门表象、概念和理念的科学，或者一切科学的科学，或者其他某种类似的东西；而是人、人的表象、思维和行动的科学；——它应当按照人的一切构成部分，如同人所是和所应当是的那样，也就是既按照他的自然规定性也按照他的道德性的关系和自由的关系来描述人。而在这里，旧的哲学给人在世界上指定了一个完全不正确的立足点，因为它使人在这个世界上成为一架机器，而这架机器本身不得不完全地依赖于这个世界或者依赖于外物和环境；所以它使人成为了世界的一个几乎仅仅是被动的部分。——现在这个理性的批判出版了，并且给人在世界上规定了一种绝对**主动**的生存。人本身是他的一切表象和概念的本源的创造者，并且应当是他的一切行动的创始者。前一个"是"和后一个"应当"引向了两种完全不同的对人的规定。因此我们也在人身上注意到两个完全不同的部分，亦

[7:70]

---

[1] 在博士论文 *De similitudine inter Mysticismum purum et Kantianam religionis doctrinam* [《在纯粹神秘主义和康德宗教学说之间的相似性》]（作者 Carol Arnold Wilmans，比勒费尔德-居斯特法罗，哈里斯·萨克森农，1797年）中附有一封信，我经作者允许，并删去抬头和结尾中的客套话，在这里把它发表出来，它表明这个目前献身于药学的年轻人在其他科学领域中也是一个能寄予厚望的人。但我在这里仍然并不认为可以无条件地承认我的表象方式和他的表象方式有他所说的那种相似性。——康德原注

即一方面是感性和知性,而另一方面是理性和自由意志,这两方面在本质上是有很大区别的。在自然中一切都**存在**[1];在其中谈不上什么**应当**;但感性和知性的目标永远只是指向什么**存在**和如何**存在**;所以它们必然是为自然界、为这个尘世而被规定的,因而是从属于这个世界的。理性则要不断地追求超感性的东西,就像这种东西**有可能是**具有超出感性自然的那种性状一样;所以它看起来虽然是一种理论的能力,但却完全不是为这个感性而被规定的;而自由意志则肯定在于对外物的某种独立性;这些外物对于人来说不应当是行动的动机;所以人还可以更少地属于自然界。但他究竟归属何处?人必定是为两个完全不同的世界而被规定的,一方面是为感官和知性的王国,因而是为了这个尘世;另一方面也还是为了另一个我们所不认识的世界,即为一个道德的王国。

至于知性,它通过自己的形式就已经自为地被限制在这个尘世上了;因为它只不过是由范畴,也就是由只能和感性事物相关联的那些表现方式所构成。它的边界已经给它清晰地划定了。在范畴止步的地方,知性也就止步了:因为是这些范畴才构成和组成了知性。[对于知性的只是尘世的或自然的规定的一个证明在我看来似乎也在于,我们在考虑到知性的力量时在自然中发现一个阶梯,从最聪明的人到最愚蠢的动物(因为我们毕竟可以把本能也看作知性的一种,就自由意志并不属于单纯的知性而言)。]但考虑到道德性就不是这样了,它是在人性止步的地方止步的,而且它在一切人

---

[1] "存在"即前面的"是(ist)"。——译者注

第二章 附录:借助于神学系和哲学系之间的争执实例来阐明系科之争

身上本源地就是同一物。所以知性必然只属于自然,而假如人只有知性而没有理性和自由意志,或者没有道德性,则他将和动物没有任何区别,或许只是站在动物阶梯的顶端,而在这个顶端上的他,现在相反,具有道德性,作为自由的存在者而与动物、哪怕是与最聪明的动物都有了绝对的和本质的不同(动物的本能往往比人的知性更清晰、更确定地起作用)。——但是这种知性却是人的一种完全主动的能力;人的一切表象和概念都只不过是人**自己的**创造物,人用自己的知性本源地思维,所以他创造着**自己的**世界。外物只是知性作用的机缘,这些机缘刺激知性去活动,而这种活动的产品就是各种表象和概念。所以这些表象和概念与之相关联的那些事物不可能是我们的知性所表象出来的东西;因为知性只能创造出诸表象和自己的对象,却不能创造出现实的物,就是说,这些物不可能通过知性的这些表象和概念,按照它们自身可能的样子来认识;我们的感官和我们的知性所呈现出来的那些物,本身毋宁说只是些现象,也就是我们的感官和我们的知性的对象,它们是机缘和知性作用相会合的产物,但因此它们毕竟不是幻相,相反,我们在实际生活中可以把它们看作对我们来说是现实的物及我们表象的对象;正因为如此,我们必须把这些现实的物假定为那些机缘。自然科学提供了一个例子。外物作用在一个能动的身体上并由此刺激它活动起来;这活动的产物就是生命。——但什么是生命?是在物理学上对它在世界上的生存和它与外物的关系的承认;身体活着所凭借的是它对外物做出反应,把外物看作自己的世界并且把它们用作自己的目的,而不需要进一步关心它们的本质。没有外物这个

[7:71]

身体就不会是有生命的身体，而没有身体的能动性，外物也不会是它的世界。对知性来说也是这样。只有通过知性与外物的会合，它的这个世界才会产生；没有外物，知性就会是死的，——但没有知性也就不会有表象，没有表象就不会有任何对象，而没有这些对象就没有知性的这个世界；这正如凭借另外的知性也就会有一个另外的世界一样，这由疯子的例子就可以明白。所以知性是它的对象的创造者，也是由这些对象所构成的这个世界的创造者；但是，现实事物则是知性活动的机缘，因而也是诸表象的机缘。

[7:72]

于是，人的这一自然力量由此便和理性及自由意志从本质上区别开来了。虽然后两者也构成了主动的机能，但它们活动的机缘却不应当从感性世界中取得。因此，理性作为理论的机能在此根本不可能拥有对象，它的结果只能是理念，即理性的表象，没有什么对象能够和这些表象相符合，因为它的活动的机缘并不是现实的物，也许只是知性的游戏。所以，理性作为理论的、思辨的机能在这里的感性世界中是根本不能运用的（于是，由于毕竟它已经作为理性而存在，它就必然是为另一个世界而被规定的），它只是作为实践的机能而用于自由意志的目的。而自由意志则仅仅是并且单独就是实践的；它的本质就在于它的活动不应当是反应，而应当是一个纯粹客观的行动，或者说，它的活动的动机不应当和活动的对象相重合；因此它不依赖于知性的表象，因为这会引发一种颠倒的和败坏这种活动的作用方式，同时它也不应当依赖于思辨理性的理念而行动，因为这些理念由于没有任何现实的东西与之相符合，可能很容易引起一种错误的和无根据的意志规定。

第二章　附录：借助于神学系和哲学系之间的争执实例来阐明系科之争

所以，自由意志活动的动机必须是某种基于人自身的内在本质并与意志本身的自由分不开的东西。而这就是道德法则，它使我们这样绝对地从自然中摆脱出来并提升到自然之上，我们作为道德的本质，既不需要自然物当作意志活动的原因和动机，也不能把自然物看作我们意愿的对象，代替它们的毋宁说只是人性的道德人格。因此，那条法则为我们保证了一种只有人才特有的并且使人与一切其他自然部分区别开来的属性，即道德性，借助于它我们成了独立自由的存在者，而道德性本身又是通过这种自由而建立起来的。——所以，是这种道德性，而不是知性，才是使人首次成为人的东西。哪怕知性也是一种完全主动的和在这方面独立自主的机能，但它毕竟在自己的活动中还需要外物，并且同时也就被局限在外物之上；与此相反，自由意志则是完全独立的，并且只应当由内在的法则而得到规定：这就是说，人只应当由他自身而得到规定，就此而言他只是把自己提升到了自己本源的尊严和对一切并非法则的东西的独立性之上。所以，如果我们的这种知性没有它的外物就会什么都不是，至少不是**这样的**知性，但理性和自由意志则仍保持原样，它们的作用范围想要多大就有多大。[在这里应当能够以某些或然性做出如下无疑是超自然的结论吗？即："随着人的身体的死亡，他的这种知性也死了，并且与他的尘世的一切表象、概念和知识一起消失了，因为这种知性永远只能为了尘世的感性之物而运用，而且只要人想要擅自进入超感性的东西之中，所有知性的运用在这里就立刻停止了，相反，理性的运用却开始了。"后来我也在神秘主义者们那里发现了这样一个理念，但我

[7:73]

只是模糊地想到,并不主张,它肯定有助于安慰许多人,甚至也许对他们有道德上的改善作用。知性则和身体一样很少取决于人自己。哪怕身体构造有缺陷,人们却安慰自己,因为人们知道这不是什么本质性的东西——一个构造得很好的身体只在这里的尘世中有它的优势。假定这个理念成了普遍的,而这在知性那里也会是同样的情况,那么这对人的道德性来说不应当是大有好处的吗?新近的关于人的本性的学说与这个理念非常协调,因为它把知性仅仅看作某种依赖于身体的东西以及某种大脑作用的产物。参看莱尔(Reil)的生理学著作。就连有关心灵的物质性的古老看法也可以由此追溯到某种实在的东西。]

对人的心灵机能的批判研究的下一步进程将提出这个自然而然的问题:对于理性关于宇宙的创始者因而关于我们自己和道德法则的创始者的那个不可避免的和不可压制的理念来说,既然任何理论上的根据按照其本性对于加固和确保那个理念都是不合适的,那么这个理念也可能有一个有效的根据吗?由此就产生了对上帝存在的如此绝妙的道德证明,这个证明对于每个人,哪怕他不愿意,也毕竟是暗中必然清楚而充分的证明。但从这种现在被他建立起来的有关一个世界创造者的理念出发,最终却产生了一个有关我们一切义务的普遍的道德立法者,即住在我们里面的道德法则的创始者的实践理念。这个理念向人呈现了一个全新的世界。人感到自己是为了另一个王国而被创造出来的,他不是为了这个感性的和知性的王国,——也就是说,他是为了一个道德王国、一个上帝之国。他现在把自己的义务同时认作神圣的诫命,而这就在

[7:74]

第二章　附录：借助于神学系和哲学系之间的争执实例来阐明系科之争

他里面产生出一种新的知识、一种新的情感，也就是宗教。——这些，德高望重的前辈，就是我曾在对您的著作的学习中得到的，那时我认识一帮人，别人把他们称为分离主义者，但他们自称为**神秘主义者**，在他们那里我发现您的学说几乎是逐字逐句被实施着。当然，要在这些人的神秘主义语言中重新发现您的学说，这一开始是困难的；但在持续不断的寻求之后我做到了。我发觉，这些人完全不做礼拜地生活着；他们抛弃了一切被称为对上帝的**侍奉**[1]和一切不以履行自己的义务为内容的东西；他们把自己看作宗教中人，甚至看作基督徒，但却不把《圣经》看作自己的法典，而只是谈论一种内在的、无始以来便寓于我们之中的基督教。——我研究了这些人的生活作风，并且发现了（除了在每个群体中由于其自私而遇到的害群之马[2]外）他们身上的纯粹的道德意向和在他们的行动中的一种几乎是斯多亚式的坚定不移。我研究过他们的教义和他们的原理，并且在本质的东西中又发现了您的整个道德和宗教学说，但仍然总还带有这种区别，即他们把这种内在的法则，如他们所称呼的，看作一种内在的启示，因而明确地把上帝看作这种法则的创始者。实际上，他们把《圣经》看作一部以某种他们不再参与讨论的方式而具有神圣起源的书；但是，如果人们更仔细地研究就会发现，他们把《圣经》的这种起源只是从《圣经》和其中包含着的教义与他们的内在法则相协调中推论出来的；因为如果人们问他们，

---

[1] "做礼拜"和"对上帝的侍奉"是同一个德文词 Gottesdiest。——译者注
[2] "害群之马"原文为 räudige Schafe，即"病羊"，语出德国谚语"一头病羊殃及羊群"。——译者注

[7:75] 例如问为什么,那么他们的回答是:它在我的内心中得到了证明,而你们如果同意自己内在法则的指示或《圣经》的教义,就同样会发现这一点。正因此,他们也不把《圣经》看作自己的法典,而只是看作一种历史的证据,在其中他们重新找到了在他们自己心中本源地建立起来的东西。总之一句话,这些人假如是哲学家,他们就会是真正的康德主义者(请原谅我的用词)。但他们绝大部分都出自商人、手工业者和农民;当然我有时也在较高等级和学者中遇到过一些人;但从来没有一个神学家,对于神学家来说,这些人是真正的眼中钉,因为神学家们在自己的礼拜仪式中看不到这些人的支持,但由于他们的堪称模范的生活作风和对每项公民秩序的服从又绝对不能指摘他们什么。这些分离主义者与贵格派[1]的区别并不在于他们的**宗教原理**,倒是在于这些原理在日常生活中的应用。因为他们例如说穿着得体,交纳所有的捐税,不论是政府的还是教会的。在他们当中的一些有教养的人那里,我从未遇到过狂热,而是发现对宗教对象的自由的、无偏见的推理和判断。

---

[1] 贵格派(Quakers,又译贵格会),又名教友派、公谊会,兴起于17世纪中期的英国及其美洲殖民地,其特点是没有成文的信经、教义,最初也没有专职的牧师,无圣礼与节日,而是直接依靠圣灵的启示来指导信徒的宗教活动与社会生活,具有神秘主义的特色。——译者注

第二篇　哲学系与法学系的争执

重提问题：人类是否在不断地朝着改善前进？

一、人们在此想要知道什么？

人们期望有一部人类历史，确切地说，并不是一部关于过去时代而是关于未来时代的历史，因而是一部**预测的**历史，如果这部历史并非由已知的自然法则（如日食和月食）来引导，那么，它就被称为**预卜的**但仍是自然的，但如果它只能通过超自然地传达和扩展对未来时代的展望而获得，那么，它就被称为**预言的**或先知的（prophetisch）[1]。此外，如果问到，人的**族类**（大体上）是否在不断地朝着改善前进，那么这里所涉及的也不是人的自然史（比如未来是否会产生新的人种），而是**道德史**，确切地说不是依据**类概念**（singulorum [个人的]），而是依据在地球上结合成社会并划分为各个民族的人类的**整体**（universorum [全体的]）的道德史。

---

[1] 从皮提亚 [译者按：Pythia 是古希腊德尔菲阿波罗神庙传达神谕的女祭司] 到吉普赛女人，凡是随意操弄预卜（既无知识又不真诚地这样做）的人，就可以说，他在占卜（wahrsagert）。——康德原注

系科之争

二、人们如何能够知道这一点？

[7.80] 作为对即将在未来时代发生的事的预卜的历史叙述，从而也就是作为对应当到来的事件的一种先天可能的描述。——但是，一部历史是如何先天地可能的呢？——回答是：只要预卜者自己**造成**并且安排了他事先宣告的事件。

犹太先知们曾出色地预言：他们的国家迟早面临的将不仅是衰败，而且是完全解体；因为他们自身就是这种命运的创作者（Urheber）。——作为民族的领袖，他们却给自己的宪政加上了那么多教会的以及由此而涌出的民事的重负，以致他们的国家变得完全不适合独立存在，尤其不适合与邻近的民族共存，因此，他们祭司的哀歌[1]必定会自然而然地徒然烟消云散；因为这些祭司执意坚持那一套由他们自己制定的、无法成立的宪政，于是他们自己就能够准确无误地预料其结局。

我们的政治家们，在自己影响所及的范围内，也做着同样的事情，并且在预卜时也同样走运。——他们说，我们必须按照人实际的样子来看待他们，而不是如不通世情的学究或者好心肠的幻想家们所梦想的人们应该成为的那样去看待他们。但是，**人实际的样子**，这说的应该是，我们通过不公正的强制、通过政府玩弄的诡诈阴谋把人们已造成的样子，亦即顽固不化和桀骜不驯；在这种情况

---

[1] 指《旧约·耶利米哀歌》。——译者注

下，倘若政府让自己手中的缰绳有丝毫放松，当然就会看到可悲的后果，而这些后果就将使那些自命聪明的政治家们的预言成真。

　　神职人员有时也预言宗教的彻底衰败以及敌基督者的即将出现，在这个时候，他们正好在做着为导致宗教彻底衰败而必须做的事情：因为他们并不关注把直接导向改善的德性原理放入其教徒的心中，而是使间接造成改善的戒律和历史性信仰成为根本的义务，从中虽然也能够生长出像在一种公民宪政中的那种机械的一致性，但却无法产生在道德意向中的一致性；这时他们却去抱怨人们不信宗教，而这正是他们自己造成的；因此，哪怕他们没有特殊的预言天赋，也能够做出预告。

三、人们想预知的未来事物之概念的划分 [7:81]

　　能够包含一种预测的情况有三种。人的族类在其道德的使命上，或者是持续地朝着更恶劣的状态**倒退**，或者是不断地朝着改善**进步**，或者永远**停滞**于它在被创造成员中的德性价值的当前阶段（这种停滞与环绕同一点的永恒旋转是一回事）。

　　人们可以把**第一种**主张称为道德上的**恐怖主义**（Terrorismus），把**第二种**主张称为**幸福主义**（若从遥远的远景来看进步的目标，也可以称之为千禧年主义[1]），而把**第三种**主张称为**阿布德拉主**

---

[1] 千禧年主义（Chiliasmus）是基督教的一种教义，意指基督将再临世界并统治千年。其间，魔鬼将被囚禁，信仰基督而殉道的人将复活，并与基督一同做王一千年。可参看《新约·启示录》20:1-5。——译者注

义[1]：因为既然在道德领域中，不可能有一种真正的停滞，所以，一种不断交替的上升与同样频繁的深深坠落（仿佛是一种永恒的摇摆）所得出的只能是，主体似乎停留在同一个位置上，处于停滞之中。

a. 论对于人类历史的恐怖主义的表象方式

在人类中，向更恶劣的状态的堕落不会不停地持续下去；因为堕落到某个程度时，人类就会把自己消耗殆尽。因此，在堆积如山的巨大暴行及与此相应的灾祸增长时，就有人说：现在不能变得更坏了，世界末日[2]就在门口了；而虔诚的狂想者如今已经在梦想着，当这个世界在大火中毁灭之后万物的重来以及一个更新了的世界。

b. 论对于人类历史的幸福主义的表象方式

在我们的禀赋中成为自然本性的善和恶的总量总是保持不变，而且在同一个个体身上既不会增多也不会减少，这一点总是可以承认的；——然而，既然这种增加必须通过主体的自由而发生，但为了这个目的主体又会需要比它一度所拥有的更大的善的储备（Fond），禀赋中善的这种分量应当如何才能增加呢？——结果不能超过作用因的能力；因此，在人之中与恶相混杂的善的分量也不能超出善的某种比例（Maß），但超出了这一比例，人才能努力向

---

[1] 阿布德拉主义（Abderitismus）：阿布德拉（Abdera）是古希腊原子论哲学家德谟克利特的家乡，传说该地的空气使人愚蠢，所以阿布德拉人常被用来意指蠢人，而按康德在下文的解释，指将人类的生活看作一场由不断地进步与倒退交替构成的停滞闹剧的观点。——译者注

[2] 原文为 der jüngst Tag，即"最年轻的日子"，在基督教中指世界末日。——译者注

上,并由此也能一直朝着更善的状态前进。因此,幸福主义连同其乐观的希望看起来都是不可靠的,而且对一部预言的人类历史就沿着善的道路持续不断地前进而言,也很少有助益。

c.论为预先规定人类历史而提出的人类的阿布德拉主义假说

这种意见可能会得到多数人的赞同。忙碌的愚蠢是我们这个族类(Gattung)的特性:很快就走上善的道路,但又不坚持走下去,而是为了不受一个唯一的目的之束缚,哪怕只是为了换换口味,也要倒转前进的计划;建设,乃是为了能够拆除,而且让自己承担起毫无希望的努力,将西绪福斯的石头推上山是好让它再滚下来。——因此,在人类的自然禀赋中,恶的原则在此似乎并不与善的原则相混合(融合),而毋宁说是一个为另一个所平衡,其结果就会是无所作为(在这里就叫作停滞):白忙了一场,让善与恶如此相互交替地前进和倒退,以至于我们这个族类在地球上相互交往的这整场游戏,不得不被视为一出纯然的恶作剧;在理性的眼中,这并不能使我们这个族类获得比其他动物种类所具有的更大的价值,那些动物种类是以更小的代价而又不耗费知性地玩这场游戏。

四、进步的课题不能直接通过经验来解决 [7:83]

假如人们发现,人类从整体来看已经有很长一段时间在向前行进,并曾在进步中被理解;但毕竟没有人能够担保,由于我们这个类的身体禀赋,人类倒退的时代就不会恰好在此刻出现。而反之，即使人类倒退，并且加速下坠至更坏的情况，人们也无须沮丧，以为不会在这里恰好遇到转折点（punctum flexus contrarii [反向转折点]），在这个点上，由于我们族类之中的道德禀赋，人类的行程会重新转向改善。因为我们所探讨的是能够自由行动的存在者，尽管可以事先**命令**他们**应当**做什么，但却不能**预测**他们**将要**做什么；当事情真正恶化时，他们由于感受到自己加给自己的灾祸，而懂得采取一种强化了的动机，以使事情变得比先前那个状态更好。——但是，"可怜的有死者啊（科耶尔院长[1]说），你们之中除了反复无常之外，没有任何有常的东西"。

或许这也是由于我们选错了看待人类事务进程由以出发的立场，因此这个进程在我们看来是如此的荒谬。从地球上来看，诸行星时而后退，时而静止，时而前进。但若采取太阳的立场，则只有理性才能做到这一点，它们会按照哥白尼的假说而始终在合规则的进程中前行。但是，有些平时并非不明智的人，却喜欢顽固地坚持自己解释现象的方式和自己一度采取过的立场，即便他们在这方面使自己纠缠于第谷的圆和周转圆[2]中直到荒唐无稽。——但不幸正在于，当涉及对自由行动的预测时，我们不具有把自己置于这

---

[1] 科耶尔（Gabriel François Coyer, 1707—1782），法国耶稣会士，著有《论古代宗教的区别》（巴黎，1755），这部著作的德译本《道德琐事》（*Moralische Kleinigkeiten*）于1761年出版于柏林。康德的引文可能出自这本书。——译者注

[2] 圆和周转圆，原文为 Zyklen und Epizyklen，亦译为"均轮和本轮"。这里康德所谈的是丹麦天文学家第谷（Tycho Brache, 1546—1601）为调和托勒密体系和哥白尼体系而提出的一套独特的理论。这种理论主张，水星、金星、火星、木星和土星这五个当时已知的太阳系行星围绕太阳旋转，其圆周叫本轮；而太阳与这些行星一起绕地球旋转，每年一周，其圆周叫均轮。——译者注

种立场上的能力。因为这将是超越了人类一切智慧的**天意**的立场，人类智慧也涉及人的**自由**行动，人固然能够**看见**这些行动，却不能肯定地**预见**它们（而对神的眼光来说，这两者没有什么区别）；因为人在后一种情况下需要依照自然法则的联系，但就未来的**自由**行动而言，他必然欠缺这种引导或者指示。 [7:84]

如果可以赋予人一种生而具有的、恒常地善的、尽管是有限的意志，那么，人就能够有把握预测自己这个族类朝着改善的进步，因为这里涉及一件他自己能够造就的事情。但是，由于禀赋中的恶与善混杂，而他并不了解这种混杂的比例（Maß），所以，他自己并不知道能够从中期望什么样的结果。

五、但预卜的人类历史却必须与某种经验相联系

在人类历史中必然出现某种经验，它作为事件暗示着人类的一种性状和一种能力乃是人类朝着改善前行的**原因**及其**创造者**（既然这应当是一种被赋予了自由的存在者的业绩）；但是，当看到共同对此起作用的种种情况时，就可以从一个给定的原因出发预测一个作为结果的事件。然而，这些情况必定总有一次会被看到（eräugnen），对此固然能像在博弈中计算概率一样，以普遍的方式做出预测，但却不确定这是否会在我有生之年发生，以及我是否会拥有证实那种预测的经验。——因此就必须找出一个事件，它可以暗示这样一个原因的存在，也暗示其因果性在人类历史中在时间上不确定的作用，并且它使人推论出朝着改善前进作为不可

避免的结论,然后这一推论还可以延伸到过去时代的历史(即人类过去一直处在进步中),但却使得该事件本身不必被视为进步的原因,而只是预示性的,被视为**历史预兆**(signum rememorativum, demonstrativum, prognositicum[回忆的、推演的、先见的预兆]),且因此能够从**整体**上来看,亦即并非按照个体来看(因为这会形成无休止的列举和计算),而是如同人类被看到的在地球上分成各民族和国家那样,来证明人类的**趋向**(Tendenz)。

[7:85] ## 六、论我们时代的一个事件,它证明了人类的这种道德趋向

这个事件绝不在于由人成就的重大业绩(Taten)或者罪行(Untaten),它们使得人类之中伟大的事物变得渺小,或者使得渺小的事物变得伟大,而且就像是变戏法一般,使得古老辉煌的国家体制消失,而另外的国家体制则好像是从地底下冒出来的一般取而代之。不,完全不是这么回事!它仅仅是指旁观者的思维方式,这种思维方式在大变革[1]的这场演出中**公开地**暴露出来,并且透露出对一方的演出者的一种如此普遍却又无私的同情,但却反对另一方的演出者,哪怕冒着这种倾向性可能会对他们非常不利的危险[2],但

---

[1] 本节中的"大变革""事件"和"革命",都指1789年爆发的法国大革命。——译者注
[2] 法国大革命于1789年爆发时,包括康德在内的很多欧洲开明知识分子对革命表示同情。但康德所在的普鲁士,当时的君主弗里德里希·威廉二世立场较为保守,敌视法国大革命,禁锢言论自由,并曾联合奥地利出兵干涉法国大革命。在此背景下,同情法国大革命的人会有被普鲁士当局压制的危险。——译者注

由此这种思维方式（由于其普遍性）证明了人类整体的一种品格，并同时（由于其无私性）证明了人类至少在禀赋中有一种道德品格，这种道德品格不仅使人期望朝着改善进步，而且就人类的能力目前所达到的范围而言，本身就已经是一种进步。

这场在当前的时代下我们目睹其发生的、一个富有才情的民族所进行的革命，可能会成功或者失败；它可能会充满不幸和暴行到这种程度，以至于一个思想健全的人如果还会希望在第二次行动时能幸运地完成革命，就绝不会决定以这样的代价来进行这场实验。——这场革命，照我说，毕竟按照希望在所有旁观者（他们自己并没有卷入这场演出）的内心中发现了一种近乎狂热的同情，这种同情表现的本身就带有危险，因此，它除了人类之中的一种道德禀赋之外不可能有其他的原因。

这种在道德上产生影响的原因是双重的：第一是**法权**（Recht）的原因，亦即一个民族必须不受其他强权的阻挠去为自己建立一种他自己觉得好的公民宪政；第二是（本身同时是义务的）**目的**的原因，亦即一个民族的上述宪政只有在其本性上具有了依照原理来避免侵略战争的性状，自身才会是**合法的**（rechtlich）和道德上善的，这样的宪政不可能是别的，只能是共和宪政，至少就理念 [7:86]

而言是如此的¹;因而也开始有条件去制止战争(一切灾祸和道德腐化的根源),并这样消极地保证了人类不论多么脆弱都朝着改善而进步,至少在进步时不会受到干扰。

因此,就这一点以及对善的事业带有**冲动**的同情而言,亦即就**热情**(Enthusiasm)而言,尽管由于一切冲动作为冲动都应当受到指摘,这种热情并不完全可取,但毕竟借助于这段历史为这项对人类学来说具有重要性的评论提供了理由:真正的热情总是只指向**理想的事物**(Idealische),准确地说,只指向纯粹道德的事物,比如法权概念,而不能被嫁接到一己私利之上。靠金钱报酬并不能在革命者的敌人身上激发起单纯法权概念在革命者身上所产生的那种热忱和伟大胸怀;甚至古代贵族武士的荣誉概念(可与热情类

---

1 但这并不意味着,一个拥有一部君主制宪法的民族[译者按:这应当是指普鲁士。普鲁士为君主制,且如康德下文所描述的,领土较为分散]因此就自以为有权,哪怕只是在心中秘密地怀有这种愿望,看到这部宪法被改变;因为它在欧洲或许极为分散的位置会向它推荐这部宪法,作为唯一能够使它在强邻之间保存自己的宪法。甚至连臣民们并非由于政府的内政,而是由于政府对外国的态度(例如,政府阻碍外国推行共和制)所发的牢骚,也根本不是证明了该民族对自己的宪法的不满,而毋宁说是证明了对这种宪政的热爱,因为其他民族越是推行共和制,该民族就越能保障自己免于自身的危险。——尽管如此,造谣诽谤的告密者们为了自抬身价,却企图把这种无辜的政治清谈污蔑为革新狂、雅各宾分子和危害国家的匪帮,不过,这种由头却没有任何根据,尤其是在一个距离革命的发生地超过一百多哩[译者按:德哩,一百多哩相当于七百多公里]的国家里。——康德原注

比），在那些为自己所属民族的法权着想[1]，并且认为自己就是这法权的捍卫者的人们的武器面前也消失了；于是外面旁观的大众不需要有丝毫参与其中的想法，也会对这种慷慨激昂备感同情（sympathisierte）。 [7:87]

七、预卜的人类历史

这必然是某种在原理中的**道德的**东西，理性把它作为纯粹的，但同时又由于其巨大的、划时代的影响而作为某种把人的心灵在

---

[1] 关于这样一种为人类维护法权的狂热，人们可以说：postquam ad arma Vulcania ventum est, –mortalis mucro glacies ceu futilis ictu dissiluit [译者按：拉丁文，"一遇上火神的武器，凡人的刀剑犹如易碎的冰，一击便碎"。语出维吉尔的史诗《埃涅阿斯纪》Ⅶ.739.]。——为什么从来没有一位统治者敢于直言不讳地宣称，他根本就不承认人民有**权**反对他，人民只能将他们的幸福归功于一个使其获得这种幸福的政府的**善行**，而且臣民们对于反对政府的权利的一切非分要求（因为这种权利在自身中包含着一种被允许的反抗的概念）都是荒谬的，甚至是应受惩罚的？——原因在于：这样一种公开的宣称会激怒所有的臣民来反对他，哪怕所有的臣民像驯服的绵羊一样，由一位善良且明白事理的主人所领导，受到妥善的饲养和有力的保护，不必为涉及他们福利的事而抱怨。——因为生来自由的存在者不会满足于享受能从他人（在这里就是政府）那里领受到的生活舒适；相反，事情取决于他为自己取得这种舒适时所依据的**原则**。但福利却不具有任何原则，无论对于那些接受福利的人，还是对于那些分配福利的人，都是如此（一个人认定福利在这里，另一个人认定在那里）；因为这取决于意志的**质料**，而这是经验性的，这就不能胜任一个规则的普遍性。因此，一个生来自由的存在者在意识到自己对无理性的动物的这种优越性时，就能够并且应当根据其任意的**形式**原则，为他所属的人民不要求任何别的政府，而只要求这样一个人民在其中参与立法的政府，也就是说，应当服从别人的那个人的权利必然要优先于一切对福惠的考虑，而且这是一种圣物（Heiligtum），它超越于一切价格（用处），任何政府均不得侵犯它，无论该政府如何一贯地行善。——但是，这种权利却始终只是一个理念，它的实现受限于其**手段**与道德性协调一致的条件，人民不得逾越这一条件；这样的事不允许通过革命发生，革命在任何时候都是不义的。——以君主制来**统治**，同时却以共和制亦即以共和主义的精神并且按照与共和主义的类比来**治理**，这就是使一个民族对自己的宪政感到满意的东西。——康德原注

这方面得到承认的义务牢记在心的东西,以及联合为整体的人类(non singulorum, sed universorum [并非个人的而是全体的联合])的东西来涉及[1],人类以如此普遍的而无私的同情为他们对此所期望的成功和就此所做出的尝试而欢呼。——这个事件不是一种革命的现象,而是(像**艾尔哈德**先生[2]所表达的那样)一种**自然法权**的宪政之**进化**的现象,这种进化本身虽然仅仅是在那些野蛮战争的情况下还没有取得成功——因为对内战争和对外战争摧毁了一切迄今存在过的**规章性的**宪政——但它毕竟引导人去追求一种不可能好战的宪政,也就是共和制的宪政;这种宪政要么可以甚至在**国家形式**上就是共和制的,要么可以仅仅在**治理方式**上是共和制的,即统一让一个元首(君主)比照着一个民族依据普遍的法权原则给自己订立的那些法律,来管理国家。

[7:88]

现在我主张,哪怕不具备先知神功,也能够根据我们今天的态势和征兆,预测人类将达到这个目的,因而同时也预测人类将从现在起不会再全盘倒退地朝着改善进步。因为人类历史上的这样一

---

[1] 据李明辉先生的译注,本段开始至此的译文经《康德全集》科学院版编者 Karl Vorländer 修订为:

  Es muß etwas Moralisches im Grundsatze sein, welches die Vernunft als rein, zugleich aber auch wegen des großen und Epoche machenden Einflusses als etwas, das die dazu anerkannte Pflicht der Seele des Menschen vor Augen stellt, [darstellt,] und [welches] das menschliche Geschlecht im Ganzen seiner Vereinigung (non singulorum,sed universorum) angeht, …

  以上方括号中的文字是这位编者修订时加的,而李明辉、李秋零和何兆武三个中译本都是按照这一修改译出的。我们这里的译法则是根据康德的原始文本译出的。——译者注

[2] 艾尔哈德(Johann Benjamin Erhard, 1766—1827)是一位医生,是康德的朋友和追随者。康德此处的引述出自其《论人民的革命权利》(*Über das Recht des Volks zu einer Revolution*, Jena und Leipzig, 1795)一书。——译者注

重提问题：人类是否在不断地朝着改善前进？

种现相（Phänomen）**不会再被遗忘**，这是由于它揭示了人的本性中趋向改善的一种禀赋和一种能力，这类事情没有任何政治家曾从事物迄今为止的进程中推算出来，这唯有把自然和自由按照人类中内在的法权原则统一起来，才能预告；但就时间来说，它却只能作为不确定的和偶然的事件而被预告。

但是，即使在这个事件中所期望的目的现在并未实现，即使一个民族的宪政的革命或改革最终遭遇失败，或者在这场革命或改革持续了一段时间之后，一切又重新回到原先的轨道上（就像政治家们现在所预卜的那样），那种哲学的预测却毕竟不会丧失任何力量。——因为这个事件太重大了，太与人类的关切交织在一起了，而且太过广泛地影响到了世界上的所有地区，以至于它在任何有利于诱发的情况下都不会不被各民族想起来，并唤起他们去重新从事这一类新的尝试；因为在这种情况下，在一桩对人类如此重要的事务上，所期望的宪政毕竟最终必定会在某一时刻达到这样一种稳固性，这种稳固性不会缺乏由频繁的经验而在所有人内心中所产生的教训。

因此，有一个命题，不仅用意善良、在实践层面值得推荐，而且尽管有各种不信仰者，却对于最严格的理论也是可以成立的，这就是：人类曾一直处在朝着改善的进步中，而且今后将继续前进，如果人们不单是关注在某一民族中可能发生的事情，而且关注此事向地球上所有可能会逐渐参与其中的民族的扩展，那么，这就将开启一个看不到头的时代的**远景**；只要不是（按照**康培尔**和**布卢门** [7:89]

巴赫的说法 [1]) 在人类出现之前仅仅埋葬了动物界和植物界的自然剧变的第一阶段之后，再又接着而来第二阶段，甚至对人类也施以同样的危害，以便让其他被造物登上这一舞台，如此等等。因为对于自然的全能来说，或者不如说对于我们无法企及的最高的自然原因的全能来说，人只不过是微末之事。但是，就连和他自己同类的统治者们也把他当作微末之事来看待和对待，有时把他如动物般地仅仅当作自己意图的工具而加以重负，有时在统治者彼此间的争斗中将他推出来，以便让他们屠杀，——这就绝不是微末之事了，而是颠倒了创世本身的**终极目的**。

八、论着眼于向世界福祉进步的准则在其公开性方面的困难

民众启蒙（Volksaufklärung）是公开地教给民众对其所属国家的义务和权利。由于在这里仅仅涉及自然的和来自普通的人类理智的权利，所以，这些权利在民众中自然的宣告者和阐释者就不是国家任命的官方法权教师，而是自由的法权教师，亦即哲学家，这些哲学家正是由于这种他们允许自己拥有自由的缘故，触犯了只想永远进行统治的国家，并且以**启蒙者**之名被诋毁为危害国家的

---

[1] 康培尔（Petrus Camper, 1722—1789），荷兰解剖学家，这里的观点见其《论面部特征的自然区别》（*Über den natürlichen Unterschied der Gesichtszüge*, Berlin, 1792）第3节。布卢门巴赫（Johann Friedrich Blumenbach, 1752—1840）是德国解剖学家和动物学家，曾任哥廷根大学的教授，这里的观点见其《自然史手册》（*Handbuch der Naturgeschichte, Göttingen*, 1779）第47页及474页以下。——译者注

人；尽管他们的声音并不是**平易近人地**向民众发出的（民众对此事及他们的著作很少或根本就不关心），而是**恭恭敬敬地**向国家发出的，并恳求国家把民众的权利需求放在心上；而如果全体民众都想倾诉自己的怨言，这除了通过公开性的途径之外，不可能通过其他途径来实现。这样，对公开性的**禁止**就阻碍了一个民族朝着改善的进步，哪怕是在涉及他们的最低要求，亦即仅仅涉及其自然权利的事情上。

另一种隐瞒手法尽管很容易就能被识破，但却合法地命令人 [7:90] 民，这就是对其宪法的真正性状的隐瞒。说英国人民有一种**不受限制的君主制**，这会是对英国人民尊严的伤害；相反，人们愿意说，这是一种通过作为人民代表的议会两院来**限制**君主意志的宪政，然而每一个人都非常清楚地知道，君主对这些代表的影响如此巨大和不容置疑，以至于除了君主所愿意并由他的大臣们所提议的事情之外，上述两院不会做出任何别的决议；在这种情况下，大臣们有时也会提出一些明知会被否决并且**造成**这种否决的决议（例如关于黑奴贸易的决议），以便为国会的自由提供一种表面上的证明。——事物性状的这种表象自身具有欺骗的成分，即人们根本不再去寻求真正的、忠于法权的宪政，因为人们误以为已经在一个现存的事例中找到了它，而一种虚构的公开性则以一种受人民所制定的法律所**限制的君主制**[1]的幌子来欺骗人民，人民的代表们却被收买，使人民隐秘地听命于一个**绝对的君主**。

* * *

[7:91] 一部与人的自然权利协调一致的宪法的理念，亦即服从法律的人们同时也应当联合起来成为立法者，这是一切国家形式的基础；而按照这一理念由纯粹的理性概念所设想的、名为一种柏拉图式**理想**的那种共同体（respublica noumenon［本体的共和国］），并不是一个空洞的幻影，而是对所有公民宪政而言根本性的永恒规范，它消除一切战争。一个按照这个理念组织起来的公民社会，是按照自由法则、凭借经验中的一个榜样而对这个理念的呈现（respublica phaenomenon［现相的共和国］），而且只有在经过各种各样的敌对和战争之后才能艰难地获得；但是，这个社会的宪政一旦大体上实现，就有资格成为一切宪政之中为了避免战争这个一

---

[1] 一个其性状无法直接看出的原因，通过不可避免地依赖于它的结果而被揭示出来。——什么是一个**绝对的**君主呢？他是这样一个君主，如果他说，应当有战争，按他的命令马上就有了战争。——与此相反，什么是一个**受限制的**君主呢？他是这样一个君主，他必须事先询问人民，是否应当有战争，而如果人民说，不应当有战争，那就没有战争。——因为战争是这样一种状态，在其中国家的**一切**力量都必须由国家元首来支配。如今，英国君主［译者按：这里指的应该是1760—1820年在位的英国国王乔治三世］已经进行过相当多的战争，却没有为此寻求过人民的赞同。因此，这个国王就是一个绝对的君主，尽管按照宪法他不应当如此；但是，他总是能够绕过宪法，因为正是凭借那些国家力量，即他有权授予一切官职和头衔，他就能够确保人民代表们的赞同。但是，这种收买制度若要成功，当然必须不具有公开性。因此，它始终处在秘密的那层非常透明的面纱背后。——康德原注

切善的摧毁者的、最好的宪政；因此，开始这样一种宪政是义务，但（由于这不会很快实现）君主的义务暂时是：尽管他们以**专制的方式**来统治，却以**共和的方式**（republikanisch）而不是以民主的方式（demokratisch）来治理，也就是说，按照自由法则精神的原则（就像一个具有成熟理性的民族为自己所规定的原则那样）来对待人民，尽管从字面上看并未征得人民的同意。

九、朝着改善进步将给人类带来什么收获？

这种收获并不是意向中的**道德性**的量的日益增长，而是在合乎义务的行动中意向的**合法性**之产物的增多，不管这些行动是由什么样的动机所引发的；也就是说，人类朝着改善而努力的收获（成果），只能建立在人们的那些将做得越来越多并且越来越好的**善良业绩**之中，因而存在于人类道德性状的现相（Phänomenen）之中。——因为我们只拥有**经验性的**资料（经验）来作为这种预测的根据；亦即以我们的行动就其发生因而本身就是现象（Erscheinungen）而言的自然原因为根据，而不是以道德原因为根据，后者包含的是关于应当发生之事的义务概念，并且只能被纯粹地、先天地提出来。

来自强权方面的残暴行为将逐渐减少，而对法律的遵从将逐渐增多。部分是出于荣誉癖，部分是出于被正确理解的自己的利益，在共同体中大概会产生更多的善行，更少的诉讼纠纷，更多的在遵守承诺时的可信赖，等等，而且这最终也会延伸到各民族相互之间的外部关系上，直到世界公民社会，而无须人类中的道德根基

[7:92]

在此有丝毫的扩大；要达到这一点，还会需要一种新的创造（超自然的影响力）。——因为在人们朝着改善进步时，我们对人类也绝不可期望过多，以免让政治家有理由来嘲笑我们，政治家喜欢把人类的这种希望视为一个偏激的头脑的梦想。[1]

十、只有在何种秩序下才能够期待朝着改善进步？

回答是：不是通过**自下而上**的事物进程，而是通过**自上而下**的事物进程。——期待在家庭教导中，继而在从低级直到最高级的学校里，在经过宗教学说强化的精神教养和道德教养中对青年进行教化，最终不仅教育出良好的国家公民，而且把他们教育成趋向于始终不断进步并能坚持自身的善，这是一个很难让人期望达

---

[1] 构想出符合理性要求（尤其是在法权观点上）的国家宪政，毕竟是**美妙的**；但是，推荐这些宪政，则是**狂妄的**，而煽动人民去废除现存的国家宪政，则是**要受惩罚的**。

柏拉图的大西岛、**莫尔**的乌托邦、**哈林顿**的大洋国、**阿雷**的赛维朗比亚，都曾逐渐地被搬上舞台，但却从未被人哪怕只是尝试过（**克伦威尔**那个夭折的专制共和国怪胎除外）。[译者按：这里所列的大都是西方历史上对乌托邦的著名构想。大西岛即阿特兰蒂斯，是远古传说中位于大西洋的一个完美岛国，后沉没于海洋中，柏拉图在《蒂迈欧》中有描述；英国思想家和政治家莫尔于1516年出版《乌托邦》一书；哈林顿是英国政治思想家，其《大洋国》一书出版于1656年；赛维朗比亚出现于政治小说《赛维朗比亚史》(Historie des Severambes) 之中，该小说出版于1675年，作者可能是阿雷（Denis Vairassed' Allais）。克伦威尔在1649年处死英国国王查理一世后建立了共和国，又于1653—1658年解散国会，实行专制统治，但仍保留了共和国的名号。]——创造这种国家就像创造世界一样：发生时没有人在场，而且没有人能够回忆起这样一种创造，因为否则他就必须得是他自己的创造者了。无论多迟，希望一个像人们在这里所设想的国家作品有朝一日能完成，这是一个美梦；但不断地趋近它，就不仅是**可以设想的**，而且在它能够与道德法则共存的范围内还是**义务**，但不是国家公民的义务，而是国家元首的义务。——康德原注

重提问题：人类是否在不断地朝着改善前进？

到所希望的结果的计划。因为不仅民众认为其青年的教育费用不该由自己来负担，而必须让国家来承担，但国家在这方面却与此相反，并没有余钱来给能干并且乐于尽心尽责的教师支付薪水（就像**毕兴**[1]所抱怨的那样），因为它把一切都花在战争上了；而且这种教化的整个机制也缺乏任何关联，如果它不是按照国家最高权力的一项深思熟虑的计划，按照它的这种意图来设计、推动，并且始终一贯地保持这种状态；要做到这一点，国家自身或许也需要时不时地改良自己，尝试进化而不是革命，不断地朝着改善进步。但是，既然应当推行这种教育的仍然是**人**，因而是自身必须为此而接受教育的人，所以，由于人类本性的这种脆弱性，处于促进这样一种效果的各种情况的偶然性之下，人类进步就只能寄希望于作为积极条件的一种自上而下的智慧（如果它是我们所看不见的，就叫作天意）；但对于**人**在这里能够期待和要求的事情来说，则只能寄希望于促进这个目的的消极的智慧了，也就是说，人们将不得不使道德的最大障碍，即总是导致道德倒退的**战争**，首先逐渐变得更加人性，然后变得稀少，最后，作为侵略战争完全消失，以便选择一种按其本性而不懈地建立在法权原则之上、能够持续地朝着改善进步的宪政。

[7:93]

---

[1] 毕兴（Anton Friedrich Büsching，1724—1793）是哥廷根大学教授，当时知名的地理学家和神学家，在地理、历史、教育和宗教等领域有大量著述。——译者注

系科之争

结　束　语

[7:94] 　　一位医生每天都用即将痊愈来敷衍他的病人：他向第一个病人许诺脉搏跳动会改善，向另一个病人许诺排泄会改善，向第三个病人许诺出汗会改善，等等。病人的一位朋友来访，第一个问题就是："朋友，你的病怎么样了？""还能怎么样？**改善、改善，我都要改善死了！**"——如果任何人鉴于国家的弊病而开始对人类的拯救及其朝着改善进步丧失信心，我都不会责怪他；然而，我信任**休谟**开出的有可能导致快速治疗的铤而走险的药方。——"当我看到（他说）目前各国正处在互相敌对的战争中，我就仿佛是看见两个醉汉在一家瓷器店里用棍棒互相打来打去。因为他们要花很长时间让他们相互造成的肿块复原，这还不够，他们事后还必须赔偿他们所造成的一切损失。"[1] Sero sapiunt Phryges.[2] [弗里吉亚人醒悟得太晚了。]但是，当前战争的惨痛后果却能够迫使政治预言家承认，人类趋向改善的转变即将到来，它现在已经在望了。

---

[1] 这句话出自休谟的《论公债》(*On Public Credit*)，原话是："我必须承认，当我看到诸君主和国家在其债务、基金和国债中争斗与争执时，总让我想起在一家瓷器店里以棍棒互殴的对手。"可参看《休谟政治论文集》(*David Hume: Political Essays*, Cambridge University Press, 1994) 第175页。康德在此所说的休谟开出的"铤而走险的药方"，应该是指不以国家公债的方式筹款来发动对外战争。这也是康德在《论永久和平》中提到的国家之间永久和平的临时条款之第四款，即任何国家均不应在涉及对外纠纷时举债。——译者注

[2] 出自古罗马作家西塞罗（M. Tullius Cicerco, B.C. 106—43）的《家书集》(*Ad familiam*, 7:16)。弗里吉亚（Phrygia）是小亚细亚的古国，也被称为特洛伊，特洛伊人因中了希腊人的木马计而遭到灭国。——译者注

第三篇　哲学系与医学系的争执　　[7:95]

论内心通过单纯的决心控制其病态感情的力量　　[7:97]
——致枢密官胡弗兰德教授先生的一封回信

我对您在1796年12月12日寄给我的礼物——《论延长人的生命的技艺》这本富有教益而又读来轻松的书——所表示的感谢，甚至本身也可以包括在对长寿的考虑中，对此您也许可以从**今年**1月我的这封回信的日期中推出其原因来[1]，如果不是衰老本身已经带有对那些重要决定的多次**延迟**的话；这一类决定却有可能是死亡的决定，死亡总是过早地给我们下通知，而人们也有用不完的借口让它等下去。

您要求我对您"努力以道德来处理人身上的肉体的东西"做一个评判；即您"把整个的人，也包括肉体的人描述为一个能够以道德性来估量的存在者，把道德教养显示为到处都只是在禀赋中现成的人类本性在肉体的完善上不可或缺的东西"，还加上"至少我

---

[1] 康德在1798年，即拖了一年多才给胡弗兰德回信，因此提醒他自己年老力衰、行动迟缓。——译者注

可以保证，这不是什么先入之见，而是我通过工作和研究而身不由己地被拖进了这种处理方式之中"。——对事情的这样一种看法显露的是一位哲学家，而不是一位单纯的理性工匠；是一个人，他不只是如同法兰西修道院的某位院长一样，在以熟练技巧实施自己的医术时把由理性安排的手段就像在经验中所提供的那样（技术性地）弄过来，而是作为医生共同体的立法成员从纯粹理性中得到[7:98]它，纯粹理性懂得凭借熟练技巧来安排那**有用的**东西，也懂得凭借智慧来安排那本身同时是**义务**的东西：以至于道德实践的哲学同时就扮演着某种普遍医学，它虽然并不在一切事情上帮助一切人，但却在任何处方中都不可缺少。

但这种普遍的手段只涉及**养生学**，即只是否定性地、作为**预防**疾病的技艺而起作用。然而类似的技艺的先决条件是一种只有哲学才能提供的能力，或者说这种哲学的精神是绝对必须预设的。与这种哲学精神相关联的是养生学的至上任务，这个任务就包含在如下主题中。

论人的内心仅凭坚定的决心来控制其病态感情的力量。

证实这一说法的可能性的例子我不可能从**别人**的经验中获取，而首先只能从我自己身上所调动的经验中获取，因为这种经验来自于自我意识，并且在此之后才可以问别人：是否他们在自己身上也同样知觉到这一点。——因此我发现自己不得不让我的**自我**来发声，

论内心通过单纯的决心控制其病态感情的力量

这在独断的报告中[1]透露的是不谦虚，但这是值得原谅的，因为这涉及的不是普通的经验，而是一种内在的实验或观察，我首先必须在我自己身上把它们调动起来，以便把某种并非每个人都自发地、没有加以引导就赞同的东西摆在他们的评判面前。值得指责的强加于人只会是这种情况，即想用我的思维游戏的内在故事去为别人解闷，这种故事虽然包含有主观的（对我而言的）重要性，但并不包含客观的（对每个人有效的）重要性。但是，如果对自己本身的这种注意和由此产生的知觉并不那么普通，而每个人都被这样要求是一件必须的和值得做的事情，那么用自己的私人感觉去为别人解闷的这样一种弊病就至少是可以原谅的。

现在，在我敢于提出我在养生学方面进行的自我观察的结果之前，我还必须对**胡弗兰德**先生是如何与**治愈**疾病的**治疗学**相反，提出**养生学**即**预防**疾病的技艺这一任务做出某种说明。 [7:99]

养生学被他称作"延长人的生命的技艺"。

他是从人们最深切地希望的、哪怕或许很少值得希望的东西里面，取得上述命名的。人们虽然愿意同时抱有两种希望：就是**长寿**以及伴随着**健康**；但是前一种希望并不把后一种希望作为必要条件：相反，它是无条件的。如果让医院的病人长年累月地在他的病床上受折磨和受穷，并且经常听他说希望死神能够尽快地把他

---

[1] 在独断的实践的报告中，例如在一个以义务为目的、涉及每个人对自己本身的观察的报告中，说教者不是用"我"而是用"我们"来说话。但是在描述性的报告中，在报告私人感受时（在病人对他的医生所做的告白中），或者在对自己的亲身经验的报告中，则必须用"我"来说话。——康德原注

从这种痛苦中拯救出来；不要相信他，这不是他的真实想法。虽然他的理性提示他这样想，但是自然本能要的却是另一回事。如果他向作为他的解放者（Jovi liberatori [解放者朱庇特]）的死神招手，他毕竟总还是要求一小段期限，并且总是以某种方式拥有一个**延迟**那不容推延的法令的借口。自杀者在狂怒中做出的了结自己生命的决定在这方面没有什么例外：因为这一决定是病态冲动到疯狂的结果。——在为尽儿女的义务而做的两种祝愿（"祝你健康并且长寿"）中，后者含有更强烈的动机，这甚至是出于理性的判断，因为就后者作为义务而言，对义务的遵守同时就是**值得赞扬**的。

就是说，**尊重老人**的义务其实并不是建立在人们强求年轻人针对老人的衰弱而理所应当的照顾之上的，因为这种照顾并不是对老人有**敬重**之责任的根据。因此，年老还要被视为某种**值得赞扬的**事，因为它应当得到**尊敬**。所以，肯定不是因为德高望重之年同时就带有凭长期的丰富经验而获得的对年轻一代有指导作用的**智慧**，而仅仅是因为，只要年龄没有被可耻的事情玷污，那个已经活到这个年纪的人，也就是那个这么久都逃过了有死性这一最具侮辱性的说法——这一说法只有对一个有理性的存在者才能抛出来（"你本是尘土，仍将归于尘土"[1]）——并且仿佛已经能够赢得不死性的人，我说的是，因为一个这样的人保持了如此的长寿并把自己树立成了榜样。

[7:100] 　　相反，作为第二种自然希望的健康，却只有糟糕的情况。人们

---

[1] 见《圣经·创世纪》3:19.——译者注

可以自己**感觉到**健康（从自己生命的舒适感来判断），但永远不能**认知到**自己是健康的。——自然死亡的每个原因都是疾病：不论人们是否感觉到它。——有许多人，这里不是要嘲笑他们，人们说他们总是**病病歪歪**的，却从来不会**得病**。他们的养生就是不断交替地偏离和回归自己的生活方式，并且他们在生活中即使不能活得更强壮，至少也可以活得更长久一些。但我的朋友和熟人中有多少人，我已活得比他们长久，他们凭借一次性制定下来的按步就班的生活方式而自诩是完全健康的：然而死亡的种子（疾病）在行将来临的发展中不知不觉地生长在他们身上，而那些**感觉**自己健康的人却不能**认识到**自己是有病的；因为对一种自然死亡的**原因**来说，人们毕竟不能有别的称谓，只能称之为疾病。但**因果性**却是人们不可能感觉到的，它需要的是知性，知性的判断可能是有误的；然而感觉是不骗人的，但只有当人们**感到**自己有病时才带有这样的名声。不过，哪怕人们没有这样的感觉，却毕竟还是有可能在人身上已经包含有隐秘的证据并且就要展示出来了；因此，缺乏这种感觉，就不允许人们对自己的福气有别的表达方式，而只能说：他**看上去**是健康的。因此，长寿在人们回过头来看时就只能表明**被享受过的**健康，而养生学首先就必须在**延长**生命（而不是**享受**生命）的技艺中证明自己的熟练技巧或科学性：即使是**胡弗兰德**先生也会这样说。

养生学的原理

养生学不必考虑**舒适性**;因为对自身力量和感觉的这种体贴就是娇惯,它造成的后果就是软弱无力,和生命力由于缺乏锻炼而逐渐熄灭;这正如生命力通过大量的高强度的使用而被耗尽一样。所以斯多亚派作为养生的原则(刚毅和节制)不仅仅属于作为**德行论**的实践**哲学**,而且属于作为**治疗术**的实践**哲学**。所以这种治疗术就是**哲学的**,如果单凭人心中的理性的力量通过一条自己给自己建立的原理来控制自己的感性情感以规定生活方式的话。反之,如果它求助于**自身之外**的有形手段(药房和外科病房)来激发或消除这些感觉,那么它就单纯是经验性的和机械性的。 [7:101]

温暖、**安睡**、对没病的人小心翼翼的**照顾**,就是对舒适的这样一些纵容。

(1)按照我对自己的经验,我不赞成这种规范,即应当使头部和双脚保持温暖。相反,我认为更为可取的是使两者都保持凉快(俄罗斯人把胸部也算在内),这恰恰是因为小心,**为了不使我得感冒**。——用温水洗脚,这固然比在冬天用几乎是冰冷的水洗脚更舒适;但后者可以避免离心脏如此远的部位血管硬化,这在老年时常常招致一种不再能够改善的脚病。——使腹部尤其在寒冷的天气中保持温暖,这宁可算作养生的规范,而不是舒适的规范;因为腹腔里装的是那些应当推动一团非流质的物质通过一条漫长的通道而前进的内脏;这就需要老人们的那种所谓的腰带(一种固定下腹并支撑下腹肌肉的宽带子),但其实不是为了保暖。

(2)**长睡**或者(通过午休重复地)**多睡**固然同样多地减少生命在清醒时一般不可避免地带来的劳累,并且够奇特的是,希望长寿居然是为了将其大部分时间用于睡眠。但是在这里真正重要的是,这种自以为的长寿的手段,这种舒适,在自己的意图中却是自相矛盾的。因为在漫长的冬夜交替地醒来又朦胧入睡,这对于整个神经系统是起麻痹作用的,是毁灭性的和在欺骗性的休息中耗尽体力的;因而舒适在这里成了缩短生命的一个原因。——床是一大堆疾病的老巢。

[7:102]

(3)老来**照顾**自己或者让人照顾,这仅仅是为了通过避免不舒适(例如避免在坏天气外出)或者一般来说把自己本来能够做的工作委托给别人来**爱惜**自己的力气,但这样延长自己的寿命,这种小心翼翼恰好适得其反,即导致早衰和生命的缩短。——就连长寿的人**大都是**曾经**结过婚**的人,这也是很难得到证明的。——在有些家族中长寿是遗传的,与这样一个家族的联姻就有可能说明这种家族类型的来由。为促进婚姻而称赞夫妻生活使人长寿,这也是不坏的政治原则;虽然经验相对而言总是只提供了这方面很少的例子,来说明夫妻相互陪伴特别有助于长寿;但是在这里,问题只与长寿的生理学根据有关——即自然是如何规定的,而无关乎政治上的根据，即国家的习俗是如何要求公共舆论按照其意图来规定的。——此外，进行**哲学思考**并不因此就恰好成为哲学家，它也是防止一些不愉快的情感的手段，同时也毕竟是对内心的**鼓动**，内心在自己的忙碌中带有一种兴趣，这种兴趣是独立于外部偶然性的，并且正因此，哪怕只是作为游戏，却也是强有力的和真挚的，而且是让生命力不停滞的。与此相反，**哲学**把它的兴趣放在理性的终极目的的整体上（这个目的是一个绝对的统一体），它自身带有一种力量感，这种情感通过对生命价值的理性评估或许在某种程度上能够补偿老年人身体上的虚弱。——但新展示出来的扩展生命知识的前景，即使并不恰好属于哲学，却也做出了同样的成绩，或者做出了某种类似的成绩；只要数学家在这方面取得了某种**直接的**兴趣（而不是作为某种别的意图的工具的兴趣），那么他在这一范围内也是哲学家，并且在一种焕发青春而无尽延伸的生命中享受着对他的力量的这种激发方式的称心如意。

　　但是在头脑狭隘的人那里，作为代用品，哪怕只是在某种无所顾忌的状态中的嘻哈调笑，也会提供几乎同样的成绩，而那些总是无所事事而又忙忙碌碌的人通常也是长寿的。——一个年事已高的男人对他房间里的许多座钟总是先后报时，而绝没有任何一座与另一座同时报时，感到了很大的兴趣，这使他和钟表匠整天都有做不完的事情，并让钟表匠有钱可赚。另一个男人则在喂养和调教他的鸣禽中找到了足够的事情做，以便填满他在喂养自己和睡眠之间的时间。一位有钱的老妇一边纺线一边在混杂其间的鸡毛蒜皮的交谈中找到了满足，而后来当她年岁很高时就抱怨，就像失去 [7:103]

了一个很好的社交圈子一样，说由于她从现在起已不再能够感觉到手指之间的线了，她会有因无聊而死的危险。

但是为了使我关于长寿的讨论不会也让您感到无聊并同样因此给您带来危险，我想将谈兴就此打住，人们习惯于把这种谈兴作为老年人的缺点加以嘲笑，即使不是加以指责。

一、论疑病症

怯懦地完全沉缅于自己病态的情感而没有一个确定的客体（因而不去尝试通过理性来控制这些情感），这种软弱就是**忧郁症**（hypochondria vaga [犹疑不定的疑病症]）[1]，它在体内完全没有确定的位置，而且是想象力的产物，因而也可以称之为**虚构的**疑病症——这时，病人相信他在书上读到的所有的疾病都在自己身上发现了，这种软弱是与内心那种控制自己病态情感的能力恰好相对立的，也就是对人们有可能碰到的灾祸耿耿于怀、为不能在它们来临时抵挡它们而感到沮丧；这是一种癫狂，它的基础当然也可能是任何一种病状（胀气或者便秘），但它不是像它刺激感官那样直接被感觉到，而是由虚构的想象力假装为即将来临的灾祸；这样一来这位自我折磨者不是自己振作起来，而是徒劳地呼唤医生的帮助；因为只有他自己才能通过自己思维活动的养生学来消除那些不由自主地产生的烦人的表象，确切地说，那些每当现实地到来却

---

[1] 区别于**坚定不移的**疑病症（hypochondria intestinalis）。——康德原注

无法对付的灾祸的表象。——对于染上这种疾病的人,并且只要他还是这样,人们就不能够要求他通过单纯地下决心来控制自己病态的情感。因为如果他能做到这一点,他就不会是疑病症了。一个有理性的人不会**让自己得**这样一种疑病症,而是当那些即将萌发成忧郁的情绪也就是自己臆想出来的灾祸引发的惊恐不安向他袭来时,他就问自己,它是否有一个客体在那里。如果他找不到任何能够给这种惊恐不安交代出有根有据的原因的东西,或者如果他看出,即使现实中有这种东西存在,但毕竟不可能为了防止它起作用而在这方面做任何事情,那么他就不再理会他这种内部感觉的要求了,也就是说,他就让自己的这种抑郁心态(这种心态因而只是局部的)待在自己的位置上(就好像这种心态与他无关似的),而把自己的注意力指向他要做的事情。 [7:104]

由于我的胸部扁平而狭窄,给心脏和肺部的运动留下的活动空间很小,所以我有一种疑病症的天生素质,这种素质使我在早年已经濒临厌弃生命的边缘。但考虑到这种心情抑郁的原因或许是机械性的并且是不可消除的,这就马上使我完全不把这件事放在心上了,并且每当我感到胸中抑郁时,头脑中却还是一片平静和开朗,这种平静和开朗即使在社交中也是不缺少的,不是任凭变幻不定的脾气(如同疑病症患者惯常的那样),而是有意地和自然而然地传达时不可缺少的。而且既然人们通过他们在自由运用自己的生命时所**做**的事中获得的对生命的快乐比他们通过**享受**到的东西所获得的更多,那么精神劳动就能够与那些单纯涉及身体的障碍相对立,而建立起另外一种被提升了的生命情感。抑郁对我来说仍然存在着；因为它的原因包含在我的身体结构中。但我通过把我的注意力从这种情感中转移开，似乎它与我毫不相干，我就控制了这种原因对我的思想和行动的影响。

二、论睡眠

[7:105] 土耳其人按照自己的宿命论原理，在谈到节制时说：在世界的开端，每个人就被分配好了他将在一生中可以吃多少东西的份额，如果他以巨大的份额来消耗他被赐予的部分，他就可以自己计算一下，他将以更短的时间来**吃**，因而来**存在**；在作为**育儿指南**（因为在享受上就连成人也经常必须被医生当作儿童来对待）的养生学中也可以用作一条规则的是：每个人从一开始就被命运分配好了他的**睡觉**的份额，而在成年时把生命中过多的时间（超过三分之一）留给睡觉的人，就不能保证有很长时间的睡眠，亦即不能保证有很长的时间用于生活和长寿。——谁在打盹（西班牙人的**午休**）中把自己生命中超过三分之一的时间留给睡觉，作为甜蜜的享受，或者作为（在漫长冬夜的）消磨时间，或者哪怕是部分地（间歇性地）而不是每天连续不断地这样分配睡眠，他就在自己**生命的量**上部分按照程度、部分按照长度而大大地错估了自己。——既然很难有一个人会希望自己根本就不需要睡眠（由此倒是可以看出，人感受到长寿是一种长期的折磨，他从中睡掉多少，他也就省掉了多少对艰难痛苦的承受），那么，无论是对于情感还是对于理性来说，更加可取的是把这既无享受也无作为的三分之一全部积攒下来，

把它托付于必不可少的自然恢复:但要带有对时间的精确考量,确定从什么时候开始并且要持续多久的时间。

归属于病态的情感之下的是不能在确定的和习惯的时间睡觉,或者甚至不能保持清醒;尤其是前者,即抱着这种意图上床却毫无睡意地躺着。——从头脑中驱除一切**念头**虽然通常是医生所给出的建议,但这些念头或者取代其位置的别的念头又会回来,而使人保持清醒。除了一种养生学建议外再没有别的了,这种建议就是在内心知觉到或意识到任何一个流露出来的念头时将对它的注意力马上转移开(就好像人们在闭上眼睛的同时把眼睛转向另一边一样),然后通过打断每一个觉察到的念头,逐渐产生一种表象混乱,由此对自己身体的(外部)处境的意识就被打消,而一种完全不同的秩序,即想象力的一种不由自主的活动(这在健康状态下就是**做梦**)就开始了,在这种活动中,通过动物性机体的某种值得惊叹的技巧,身体在生理(animalisch)运动方面**松弛下来**,但在生机运动(Vitalbewegung)方面却受到最内在的**鼓动**,这就是通过**做梦**,这些梦尽管我们在醒来时回想不起来,但仍然是不可能缺席的,因为否则当完全没有梦时,如果从诸表象的驻地即大脑发出的神经力不与内脏的肌肉力结合起来起作用,生命就一刻也不可能维持了。因此大概一切动物在入睡时都会做梦。 [7:106]

但是每个上床准备睡觉的人,不管他如何想转移自己的念头,有时候他都仍然不能入睡。在这种情况下他就会在大脑中感到某种痉挛（抽风），这种痉挛也和这样一种观察很有相关性：一个人在醒来后马上就会比他甚至留在床上并且在那里醒着时大约要长半寸。——由于失眠是体弱老人的一个毛病，而左侧一般说来是更弱的一侧[1]，所以我最近一年来就感受到这种抽风的发作以及非常敏感的这类刺激（虽然不是现实可见地由此刺激引起的四肢抽风的运动），我不得不按照别人的描述而把这类刺激当作**痛风病的**偶发症，并为此去看医生。但现在，当我感到睡眠障碍而烦躁不安时，[7:107] 我马上就采取我的斯多亚派的办法，将我的念头努力地固定在任何一个我所选定的无关紧要的客体上（例如固定在包含了许多附带表象的西塞罗的名字上），因而把注意力从那种感觉上引开；这样一来，这种感觉就会迅速变得迟钝起来，而睡意就会占据上风，任何时候，当这类侵袭趁晚上睡觉的短暂中断而重新出现时，我都可以重复这种办法而得到同样好的效果。但这绝不只是些想象出来的痛苦，第二天早上左脚趾所显示的通红发热可以使我确信这一点。——我肯定，许多痛风的偶发症，只要养生的享受不是与此太冲突，就连

---

[1] 有一种完全不正确的借口，即涉及外部四肢运用的强壮有力时，身体两边哪一边会是更强或更弱的，在击剑时是右手持剑还是左手持剑，骑手站在马镫上是从右边向左边还是从相反方向飞身上马，如此等等，这仅仅取决于练习，以及人们早先形成了怎样的习惯。但经验告诉我们，一个人要是按照左脚的尺寸做一双鞋，当鞋恰好适合左脚时，它对于右脚就会太窄了，这并不是要怪父母在这方面没有更好地教会他们的孩子；这正如右边对左边的优势也可以从下面这件事上看出一样，想要越过一个有点深的壕沟的人，他是左脚立定而用右脚来跨越；以相反的做法他就要冒落入壕沟中的危险。普鲁士的步兵被训练用左脚**开步走**，这并不与那个原理相矛盾，而恰好是证实了它；因为他把左脚置于前方，仿佛是置于一个支点上，以用右边作为进攻的推动力，这种进攻是他以右边对着左边完成的。——康德原注

抽风甚至**癫痫的**偶发症（只是并非在妇女和儿童那里，他们不具有这一类决心的力量），哪怕是有不可治的坏名声的**足痛风**，在它每次新发作时，都可以通过决心的这种坚定性（把自己的注意力从这样一种病痛中转移开）来抵挡，并逐渐地完全消除它们。

三、论饮食

在身体健康和年轻时，在享受上最值得推荐的就是在时间和食量的问题上只听**食欲**（饥和渴）的意见；但在随着年老而来的衰弱中，某种一定的经过检验被认为有益于健康的生活方式就是最有利于长寿的一个养生原理，也就是有一天是怎么做的，在其他的日子就照样做；只是有一个条件，即这种进食在食欲不好的情况下要有相应的例外。——因为在老年时，食欲会使人拒绝喝大量的流质食物（喝汤或许多水），尤其是对于男性；反之，所要求的是更粗糙的食物和更刺激的饮料（如葡萄酒），既是为了促进肠胃的蠕动（在所有的内脏中，肠胃显得是最有 vita propria [自主的生命] 的，因为如果把它们趁热从动物身上割下来并捣碎，它们就会像蠕虫一样爬行，它们的运作人们不仅能够感觉到，甚至能够听到），同时也是为了带动这些部分的血液循环，它们通过自己的刺激促进着疲惫的部分[1]维持血液的循环运动。

[7:108]

---

[1] 原文为 das Geräder，在杜登德语大词典 [*DUDEN Deutsches Universal-Wörterbuch* (1983)] 及各种德汉词典上均未查到，唯见 gerädert 即"精疲力竭" [源自 rädern（车裂）]，权译作"疲惫的部分"。——译者注

但是，水在老人那里需要更长的时间，以便在被吸收进血液中时，做一个它从血液总量中分离出来经过肾到达膀胱的长途旅行，如果水不是本身含有与血液相似的成分（类似于葡萄酒那样），而这些成分带有某种对血管的刺激以将水带走的话；但这种刺激在这种情况下是被当作药物来使用的，而它的人为的使用因此真正来说恰好不属于养生学。饮水的欲求（口渴）袭来，大多数情况下只是一种习惯，不应马上服从它，对此所采取的**坚定的决心**把这种刺激纳入到对应与固体食物相配的流质食物的自然需要的尺度内，对它的大量享用在老年人那里甚至是被自然本能拒绝的。由于这种无节制的牛饮，人们也睡不好，至少是睡不深，因为血液的温度由此而被降低了。

常被提出的问题是：正如在24小时内只睡一觉，那么按照养生学的规则，是否可以同意在这同样一段时间内只吃一顿饭？或者，是否这样**更好**（更健康），即在午餐桌上中断一些食欲以便能够晚上再吃？当然更消磨时间的是后者。——我也认为，后者在所谓的最佳年华（中年）是更有益于健康的；而前者则在晚年更为有益。因为既然肠胃为了消化而运作的状态在老年无疑要比年轻时更慢，所以可以相信，当前一餐的消化状态还没有结束的时候，把一份新的工作定额交到自然身上必然会是不利于健康的。按照这种方式，我们就可以把吃过一顿丰盛而饱足的午饭后又受晚餐的诱惑看作一种**病态的**情感，人们可以通过一种坚定的决心来控制这种情感，以至于就连它的突袭我们都渐渐地不再觉察到了。

四、论由于在思想中不合时宜而产生的病态情感　　[7:109]

对于一个学者来说，**思想是一种食粮**，没有它，当**他清醒而独处**的时候，他就不能生活；这种食粮或者存在于**学习**（读书）中，或者存在于**臆想**（沉思和发明）中。但是在吃饭和走路的同时努力思考着某个确定的念头，让头脑和胃或者头脑和脚同时负担两种工作，由此前者会造成疑病症，后者会造成眩晕。所以为了把这种病态的状况通过养生学加以控制，所要求的只是让胃或者脚的机械活动与思维的精神活动相交替，而在这一段（用于恢复的）时间里阻止有意图的思维，并放任想象力（与机械活动类似）的自由游戏；但为此就要求一位研究者对**思维中的养生**有一种普遍理解的和坚定的决心。

当人们在吃饭时缺乏社交而同时又在从事读书和思索，就会生出病态的情感，因为生命力被头脑的工作从人们加重负担的胃那里引开了。如果这种思索与脚的耗尽力气的工作（在散步时[1]）结合起来，也是一样。（人们还可以算上熬夜苦读，如果这不是习惯

---

[1] 研究者们很难放弃在孤独地散步时只以思索本身为消遣。但我在自己身上发现，也在我就此询问的其他人那里听到，**在走路时**的这种努力思考很快就使人疲倦了；相反，如果听任想象力自由地游戏，这种活动就是恢复性的。这种情况更多地发生在做这种与思考结合起来的运动又保持着与另一个人的交谈时，以至于人们马上就看出有必要坐下来继续进行这种思维的游戏。——在野外散步的意图恰好就是通过诸对象的交替而**放松**自己对每个个别对象的注意力。——康德原注 [译者按：康德这里所影射的可能是卢梭的自传体著作《一个孤独散步者的遐想》。]

性的。）然而，出自这种不合时宜地（invita Minerva[1]）从事的精神工作的病态情感毕竟不具有这种性质，即不能通过单纯地下决心直接一下子消除它们，而只能通过习惯，借助于某种相反的原则而逐步地消除之。这里所谈的只是前面那种病态情感。

[7:110] **五、论通过在呼吸中下决心来消除和防止病态的偶发症**

我几年前还不时地流涕和咳嗽，这两种病症有时在就寝时发生，对我而言就更加来得不是时候。仿佛是被对夜间睡眠的这种干扰激怒，对于前一种病症，我决定紧闭双唇，完全用鼻子吸气；起初我只能借一种气息微弱的哨音做到这一点，而由于我锲而不舍地做，气息就越来越强，最后用的就是完整的自由气息，做到了用鼻子呼吸，在这期间我就马上睡着了。——至于**咳嗽**，这种仿佛是抽搐性的、其间伴有突发性吸气的（不是像在大笑时那种连续的，而是）一阵阵响起的呼气，尤其是在英格兰通常称作（躺在床上的）老人咳的那种咳嗽，对我来说就更不合时宜了，因为它有时是在床上刚刚暖和起来之后按时到达的，并且延迟我的入睡。

---

[1] 拉丁成语，直译为"不喜欢米涅娃（智慧女神）"，意即不明智。——译者注

养生学的原理

这种由于张嘴吸入空气刺激到喉头而激发的咳嗽[1]，现在要制止它，所需要的是一种并非机械的（药理学的）而只是直接的内心运作：也就是把放在这种刺激上的注意力以下面这种方式完全转移开去，即努力将它指向任何一个客体（如上面对付抽风病症那样），并借此抑制空气的喷出，这种喷气正如我所清晰地感觉到的，将血液推挤到面部，但这时通过同一种刺激而激起流动的唾液

[7:111]

---

[1] 难道不是大气中的空气，当它通过咽鼓管（因而在紧闭双唇时）而循环起来时，凭借它在这个临近大脑的弯道上卸下氧气，而引起了生命器官得到强化的神清气爽之感？而这就好像在**畅饮**空气；虽然空气没有气味，但它在这里毕竟强化了嗅觉神经以及临近这些神经的毛细血管。在有些天气里这种享受空气的神清气爽没有发生；而在另外的天气里，在漫步旅行时通过深呼吸而畅饮空气则是一件真正令人心旷神怡之事，这是张嘴吸气所不能提供的。——但在养生学上具有极大重要性的是，要让紧闭双唇用鼻子吸气形成**习惯**，以至于即使在熟睡时也不会以别的方式来进行呼吸，只要张嘴呼吸马上就会醒来，仿佛是由此受到了惊吓一般；正如我当初在形成以这种方式呼吸的习惯之前有时所经历的那样。——如果人们不得不快步走或者上坡，这就需要更加坚强的决心，从而不偏离那个规则，宁可放缓自己的步伐也不使这一规则产生例外；同样，例如，一位教师要他的学生做一个剧烈的动作，他也宁可让学生们沉默无声地做自己的运动，而不要经常地用嘴吸气。我的年轻朋友们（以往的听众）赞扬这个养生学的准则是有效的和有益健康的，并且不把它当作无关紧要的事，因为它就是简单的家庭常备药，使医生都成为可有可无的了。——值得注意的还有：由于在长时间连续**说话**时的**吸气**看起来也是通过如此经常张开着的嘴而发生的，因而那条准则在这里被违反似乎是无害的，实际上并不是这种情况。因为这里其实还是在用**鼻子**吸气。因为假使鼻子在这时候被堵住了，那么人们就会说这个讲演者是在用鼻子说话（一种讨厌的声音），而他实际上并不是在用鼻子说话，而且相反，当他实际上是通过鼻子说话时，倒会说他不是通过鼻子说话了：正如枢密官**利希滕贝格**先生所调侃并正确看到的那样。——这也是长时间大声说话的人（讲演者或布道者）为什么能够嗓子不休息地说话长达一个小时的原因：因为他**吸气**其实是通过鼻子而不是通过嘴进行的，只不过是通过嘴巴来**呼气**罢了。——这种经常紧闭双唇吸气的习惯，如果人们单独来理解、至少不是放在说话中来理解的话，还有一个附带的好处，这就是：那总是分泌出来并润泽喉咙的 Saliva [口水] 在这里同时起着消化剂（stomachale）的作用，或许（吞下去后）还有通便剂的作用，如果人们足够坚定地下决心不通过不良习惯而将它浪费掉的话。——康德原注

[7:111]

(saliva)却阻止了这种刺激起作用,即阻止了空气的喷出,并导致对这种口水的一种吞咽。——这种内心运作需要一种程度相当大的坚定决心,但也正因此这种决心就更加令人舒服。

六、论这种紧闭双唇吸气的习惯的结果

[7:112] 这样做的直接结果是,这种习惯即使在睡眠中也继续保持着,而且当我偶尔张开嘴唇用嘴巴吸一口气,我马上就会从睡眠中惊醒;人们由此看出,睡眠和连同睡眠一起的梦并不是清醒状态的完全不在场,以至于在那一状态中并不混杂着某种对自己处境的注意力:正如人们也可以这样来检验这一点,那些前一天晚上准备要比平常早起(例如为了驾车兜风)的人,的确会更早地**醒来**;因为他们或许是被城市的钟声唤醒的,因而他们即使正在睡眠中也必须听到和注意到这些钟声。——这种值得称赞的习惯的**间接的**结果则是,那种不情愿的、被迫的咳嗽(不是作为有意吐痰的那种**咳痰**)在两种情况下都被防止了,这样就单纯通过决心的力量而防止了一场疾病。——我甚至发现,当我在熄灯后(刚刚躺到床上)突然感到强烈的口渴,为了喝水解渴,我不得不在黑暗中走进另一个房间并来回摸索寻找水杯时,我突然想起借扩胸来做几次有力的吸气,就仿佛用鼻子来**畅饮**空气一样;这样,几秒钟后口渴就完全消失了。这就是一种病态的刺激通过一种反刺激而被消除了。

结 束 语

　　内心在病态症状方面拥有一种能够仅仅通过人作为有理性的动物这种司令官的坚定意志就控制住这种病症的情感的能力，这些病症全都具有阵发性的（痉挛式的）性质；但人们不能反过来说，所有这一切病症都能够单纯通过坚定的决心来阻止和消除。——因为它们中有一些具有这样的性状，即试图让它们屈服于决心的力量反而还更强化了这种痉挛性的痛苦；我自己就有这种情况，因为大约一年前在《哥本哈根报》上被描述为"流行性的、带有**头部压迫感**的感冒"[1]（但在我身上虽然持续一年多了，却仍然有类似的感觉）的这样一种疾病，就把我自己的脑力劳动搅得几乎一团糟，至少使它削弱了和迟钝了，并且由于这种压迫感是施加于老人的自然弱点之上的，这种疾病同时将要终止的就有可能不是别的，而是我的生命。

　　就思维是紧紧抓住一个概念（对结合着的诸表象的意识的统一）而言，病人的病态性状伴随着思维并给思维制造困难，它产生出

[7:113]

---

[1] 我把这种压迫感看作一种部分地影响到脑部的痛风病。——康德原注

思维器官（大脑）的某种痉挛状态的感觉，即一种压迫感，这种压迫虽然真正来说并没有削弱思维和沉思本身，同样也不削弱对以前所想到的东西的记忆，但在报告（口头报告和书面报告）中却要保证诸表象在其时间次序中的固定联系而不分散，这本身却造成了大脑的一种不由自主的痉挛状态，好像是一种无能，无法在那些表象的前后交替的变换中保持对这些表象的意识的统一性。所以我碰到过这种情况：当我像在每次讲演中总是发生的那样首先在我要说的东西上（让听众或读者）做准备，向他预示了我要针对的对象，然后再让他返回到我曾由以出发的地方（没有这两种指示，讲演的任何关联都不会发生），而现在我应当把后者与前者联结起来，我突然不得不问我的听众（或者默默地问自己）：我讲到哪儿了？我是从哪里出发的？这种缺失既不是精神的缺失，也不只是记忆力的缺失，而是（在联结时的）**精神在场**的缺失，也就是不由自主的精神涣散，是一种很让人烦恼的缺失，对此人们虽然在文章中（尤其是在哲学文章中，因为在这里人们并不总是能够轻易地回顾他的出发地）费力地加以预防，但哪怕尽了一切努力，也永远不可能完全防止。

数学家在直观中把自己的概念或者概念的代表（量值和数字符号）放在自己面前，而且他每走一步所达到的一切都是正确的，这是能够得到保证的，他的情况就和特别是纯粹哲学（逻辑和形而上学）专业中的工作者不同，后者必须使自己的对象维持在自己面前的空气中的漂浮状态，并且必须不只是一部分一部分地，而是每时每刻都同时在（纯粹理性的）一个系统整体中呈现自己和检验自己。因此，如果一个形而上学家比起一个其他专业的研究者来，同样比起应用哲学家（Geschäftsphilosoph）来，宁可成了**残障的**（invalid），这恰好是不必惊奇的事；然而，在他们中毕竟必须有一些人完全献身于那个专业，因为没有一般的形而上学，就根本不可能有什么哲学了。

[7:114]

由此也就可以解释，一个人为什么可以自诩**对于他这个年龄来说**是健康的，尽管就他所负责的某项事务来说他不得不把自己计入病号名单。因为**无能**妨碍着生命力的运用，与此同时也阻止了生命力的损耗和衰竭，而他仿佛是承认只在一个较低的层次上（作为植物性的存在者）活着，也就是能够吃饭、走路和睡觉，这对于他的动物性的生存来说是健康的，但对于他的公民性的（对公共事务负有义务的）生存来说则是有病的，亦即残障的：所以这位死亡候选人就此而言完全不自相矛盾。

延长人类生命的技艺所导致的是：人们最终在活着的人中间被如此忍耐，这正好不是那种最赏心悦目的处境。

但我自己在这上面也有过错。因为，我为什么也不愿意给奋力向上的年轻一代让出位置？并且，为了活着，为什么要压抑自己习惯了的生活享受？为什么要通过种种戒断而在不习惯的处境中延长一个衰弱的生命？为什么要通过自己的例子而把生死簿带入混乱，即使在这个生死簿中那些更加衰弱的人连同他们所推测的长寿都依赖于自然的剪裁？而且为什么要让通常被称为命运的一切（人们曾经谦卑地、虔诚地服从它们）去服从自己坚定的决心？这种决心毕竟很难被接受为理性据以直接行使疗效的普遍养生规则，而药房的治疗模式在某个时候将被排除掉吗？

后　　记

　　因此，我也许可以敦促延长人类生命的（尤其还有文字写作的生命的）技艺的制定者，要他也善意地考虑保护一下读者的眼睛（特别是现在有大量的女性读者，她们有可能更强烈地感受到了戴眼镜的弊端），现在由于印书人拙劣的装模作样，书上的每一页都在猎取读者的眼睛（因为字母本身作为图画毕竟完全没有任何美感）；因而正如在摩洛哥，由于一切房子都被粉刷成白色，有一大批城市居民都成了盲人一样，这种坏事出于类似的原因也不要在我们这里蔓延，毋宁说，那些印书人在这种情况下都要受到治安条例的约束。——现在的**时尚**却要与此背道而驰，这就是： [7:115]

　　（1）不用黑色油墨而用**灰色**油墨来印刷（因为这衬托在上好的白纸上显得更柔和、更可爱）。

　　（2）用细脚**狄多**铅字而不用布莱特柯普夫铅字，后者会更好地与其名称**字母**相契合（就仿佛是些为了站稳的书中拐杖）。[1]

　　（3）用**拉丁文**字体（甚至是斜体字）印一本德国内容的著作，

---

[1] "字母"德文为 Buchstab，字面意思为"书的棍子（拐杖）"。——译者注

对此布莱特柯普夫有理由说：没有谁在读拉丁文字体时眼睛能像读德文字体那样坚持那么久。

（4）用尽可能小的字体，只要对于附在下面的脚注来说还有更小的（对眼睛也是更不适合的）字体仍然是可读的就行。

为了制止这种胡作非为，我建议：把《柏林月刊》（在文章和注释方面）的印刷作为榜样；因为人们无论把哪一期拿到手里，都将会感到被上述阅读所损伤了的眼睛通过其外观而显著地振作起来。[1]

伊·康德

---

[1] 在眼睛的**病态症状**（不是真正的眼疾）中，我经验过其中一种，我先是在40岁时遇到过它一次，后来隔几年就不时地遇到，现在则是一年中遇到若干次。这种现象在于：在我阅读的书页上一下子所有的字母都乱作一团，并且被某种散布其上的光亮混杂其间而完全成了不可阅读的；这种状态的持续不超过6分钟，它对于一位习惯于照本宣科的布道人来说有可能是很危险的，但对于我来说，在我的逻辑学或形而上学的课堂上，则可以按照恰当的准备而（从头脑出发）自由讲演，而担忧只是来自这种症状有可能是失明的预兆。然而现在我对此很放心：因为尽管这种症状现在比平时更经常地发生，在我的唯一健康的眼睛上（因为左眼大约5年前就已经失明了）并没有发觉清晰度有丝毫下降。我偶尔在那种现象发生时想到闭上我的眼睛，甚至为了更好地挡住外面的光亮，我把手放到眼睛上，而这样一来我就看到一个白亮的、就像在黑暗中用磷画在一页纸上的图形，类似于日历上表示最后一个季度的图形，但带有一个在凸出面上呈锯齿状的边缘，它的光亮逐渐消退，并在上述时间里消失了。——我很想知道，这种观察是否别人也做过，并且如何能解释这种现象，它真正说来并不在眼睛里——当眼睛运动时这个图形并不同时跟随着运动，而是一直在同一个位置上被看到——可以在 Sensorium commune [共通的感觉中枢] 中拥有自己的席位。同时，有人可以**失去**一只眼睛（在一段时间之内，我估计有3年）而并不**惦记**这件事，这是很罕见的。——康德原注

[7:116]

《系科之争》德汉词汇索引[1]

Anlage　禀赋　43，54，56，58，59，69，81-85，88，97，

a priori　先天地　21，47，49，54，61，67，79，91，

Aspekt　态势　88，

Befugnis　权限　23，27，32，41，43，46，

Beilegung　调解　31，33，38，41，

Bekehrung　皈依　5，52，54，55，

Bildung　教化　92，93，

Charakter　品格　85，

Eifer　热忱　54，86，

Enthusiasm　热情　86，

Erbauung　感化　66-69，

Erziehen　教育　40，57，92，93，

Evolution　进化　87，93，

Fakultät　系／系科

---

[1] 本表按德文字母先后顺序排列，所标页码均为德文版《康德著作全集》第七卷页码，即本书"系科之争"部分的边码；凡有一词多译者均依次用"／"分隔开。——译者注

Fürwahrhalten 视其为真 27，47，

Fürwahrnehmen 认其为真 27，46，47，

Gebote 诫命 24，28，36，49，64，74，

Geschäftsleute 从业人员 18，26-28，31，34，35，

Geschäftsmänner 从业人士 25，27，31，

Gesetzbuch 法典 22，24，25，27，61，74，

Gesinnung 意向 6，43，44，47，49，50，52-55，67，69，74，80，91，

Glaubenssätzen, Glaubensartikel 信条 9，39，42，48，49，

Grundsatz 原理 32，33，37，38，41，43-46，51，58，60，74，75，80，85，87，100，101，104，107，

Heil 福祚 30，

heroisch 铤而走险 32，93，

hindeuten 预示 84，

hinweisen 暗示 84，

Hypochondrie 疑病症 103，104，109，

Illuminatism 光照说 46，

invalid 残障的 113，114，

Kanon 元典 68，

Kodex 正典 61，

Konstitution 宪法 86，90，

Kultur 教养 92，97，

Landrecht 国家法权 23，

leiten 引导 31，37，65，68，79，84，88，98，

Literaten 文人 18，

messianisch 弥赛亚 48，52，53，62，63，66，

Moral，moralisch，Moralität 道德/道德的/道德性 8，9，24，33，36-44，46-56，58-61，63-74，80，81，83，85，86，91-93，97，98，

Mystik，mystisch 神秘主义 45，46，54-56，59，60，63，65，69，73，74，

Naturgesetze 自然法则 79，84，

Naturrecht 自然法权 23，87，

Neigung 爱好 29，30-32，34，35，

Offenbarung 启示 8-10，24，33，36-38，41，42，44，46-50，54，58，61，63，65，67，74，

paränetische 告诫性的 68，

paraphrastische 释义式的 68，

Pfaffentum 教士专权 50，60，

Pflicht 义务 6，7，27，29，31，32，36，37，43，47，50，56，64，65，67，74，80，85，89，91，98，99，104，

prophezeiung 预报 80，

Publizität 公开性 89，

Recht 法权/权利 36，85-90，93/19，53，86，87，89，90，

Revolution 革命 57，59，85-88，95，

sanktionieren 批准 8，19，22，24，26，27，32-34，45，51，53，

59，60，

satzung 条令 32，33，36，49，50，54，

Schriftauslegung 解经 24，38，41，44，45，53，

Sehergeist 先知神功 88，

Sekten 教派 46，48-59，

Seligkeit 永福 22，24，30，44，55，59，65，67，

Separatist 分离主义者 51，74，75，

sittlich 道德的 28，91，

Statute, statutarisch 规章，规章性的 18，22，23，32，33，35-37，42，45，46，49，50，61，63-66，88，

Sittengeschichte 道德史 79，

Taten 业绩 84，85，91，

Teilnehmung 同情 85-87，

Terrorismus 恐怖主义 81，

Tugend 德行 24，51，56，100，

Übernatürlich 超自然的 6，24，30，33，43-45，47，49，54-57，59，60，73，79，92，

Überschwengliche 自作多情 46，

Übersinnlich 超感官的 57，73，

Überzeugung 确信 46，107，

Vehikel 载体 37，42，44，48，50-53，64，

Verbindlichkeit 责任 5，6，25，29，33，46，99，

Verfassung 宪政 35，80，85，87，88，90，91，93，

verheißen 预告 88,

Vernunfteleien 理性玄想 23,

voraussehen 预期 30, 80,

vorhergesehen 预见 83,

vorhersagen 预测 54, 79, 81, 83, 84, 88, 91,

vorherwissen 预知 81,

Vorsehung 天意 64, 83, 93,

Vortrag 宣讲 5, 8, 10, 18, 19, 22, 23, 27–29, 32–35, 37, 41, 42, 54, 59, 61, 64, 68,

Vorzeichen 征兆 5, 88,

wahrsagen 预卜 68, 79, 80, 84, 87, 88,

Wahrsager 预卜者 30, 80,

weissagend 预言 79, 80, 82, 94,

Weltbesten 世界福祉 89,

Wiedergeburt 重生 54, 55, 57,

Willensmeinungen 诉求 22,

Willkür 任意 21, 22, 33, 35, 36,

Wohlbefinden 福惠 87,

Wohlfahrt 福利 87,

wohltätig 行善 87,

Wohltätigkeit 善行 47, 92,

Wort 道 63, 67,

Wundermann 异人 30, 31,

系科之争

Zeichen 预兆 84,

Zeugnisse 见证 42, 69,

《系科之争》汉德词汇对照表[1]

爱好　Neigung

暗示　hinweisen

禀赋　Anlage

残障的　invalid

从业人士　Geschäftsmänner

从业人员　Geschäftsleute

超感官的　Übersinnlich

超自然的　Übernatürlich

重生　Wiedergeburt

道　Wort

道德 / 道德的 / 道德性　Moral，moralisch，Moralität

道德的　sittlich

道德史　Sittengeschichte

德行　Tugend

---

[1] 本表按汉语拼音先后顺序排列。——译者注

法典　Gesetzbuch

法权/权利　Recht

分离主义者　Separatist

福惠　Wohlbefinden

福利　Wohlfahrt

福祚　Heil

感化　Eebauung

告诫性的　paränetische

革命　Revolution

公开性　Publizität

光照说　Illuminatism

规章，规章性的　Statute，statutarisch

国家法权　Landrecht

见证　Zeugnisse

教化　Bildung

教派　Sekten

教士专权　Pfaffentum

教养　Kultur

教育　erziehen

解经　Schriftauslegung

诫命　Gebote

进化　Evolution

恐怖主义　Terrorismus

理性玄想　Vernunfteleien

弥赛亚　messianisch

批准　sanktionieren

品格　Charakter

启示　Offenbarung

权限　Befugnis

确信　Überzeugung

热忱　Eifer

热情　Enthusiasm

认其为真　Fürwahrnehmen

任意　Willkür

善行　Wohltätigkeit

神秘主义　Mystik，mystisch

世界福祉　Weltbesten

视其为真　Fürwahrhalten

释义式的　paraphrastische

诉求　Willensmeinungen

态势　Aspekt

天意　Vorsehung

调解　Beilegung

条令　Satzung

铤而走险　heroisch

同情　Teilnehmung

文人　Literat

系/系科　Fakultät

先天地　a priori

先知神功　Sehergeist

宪法　Konstitution

宪政　Verfassung

信条　Glaubenssätzen，Glaubensartikel

行善　wohltätig

宣讲　Vortrag

业绩　Taten

疑病症　Hypochondrie

异人　Wundermann

意向　Gesinnung

义务　Pflicht

引导　leiten

永福　Seligkeit

预报　prophezeiung

预卜　wahrsagen

预卜者　Wahrsager

预测　vorhersagen

预告　verheißen

预见　vorhergesehen

预期　voraussehen

预示　hindeuten

预言的　weissagend

预兆　Zeichen

预知　vorherwissen

元典　Kanon

原理　Grundsatz

载体　Vehikel

责任　Verbindlichkeit

征兆　Vorzeichen

正典　Kodex

自然法权　Naturrecht

自然法则　Naturgesetze

自作多情　Überschwengliche

世界教育经典名著丛书

★ 遴选了十四位世界著名的教育家、哲学家、心理学家的教育代表作
★ 国内多所高校的十余位权威专家领衔精心译校,翻译皆历时一年以上
★ 多部图书采用了汉英双语的出版形式,可满足读者阅读原著的需求
★ 大量的译者注和精彩的"译者导读",有助于读者领略名著的思想精髓

《课程与教学的基本原理》(英汉对照版)
【美】拉尔夫·泰勒 著
罗康 等 译
定价:42.00元

美国教育家泰勒的代表作,被誉为"现代课程理论的'圣经'"。学习课程与教学理论的必读经典。

《去学校化社会》(汉英双语版)
【美】伊万·伊利奇 著
吴康宁 译
定价:58.00元

当代著名教育思想家伊万·伊利奇在书中炮轰美国教育、现代学校和社会,并绘制了"去学校化社会"的美好图景。著名教育社会学者吴康宁教授倾情翻译并解读这一思想巨著。

《教育的目的》(汉英双语版)
【英】阿尔弗雷德·诺斯·怀特海 著
靳玉乐 等 译
定价:48.00元

英国哲学家、教育家和数学家怀特海的教育代表作。著名教育学者靳玉乐教授等翻译,译者注释丰富,十分有助于品味经典。

《民主主义与教育》(中文版)
【美】约翰·杜威 著
陶志琼 译
定价:42.00元

《民主主义与教育》(英文版)
【美】约翰·杜威 著
定价:68.00元

美国教育家杜威最有影响力的教育著作。译者历时两年译成,数易其稿,字斟句酌,译文流畅。

《我们如何思维》（汉英双语版）
【美】约翰·杜威 著
杨韶刚 等 译
定价：78.00元

思维训练领域的奠基之作，美国教育哲学家和心理学家杜威的重要代表作。该书曾于1925年被胡适、潘家洵等海内外名流学者列为"青年必读书十部"之一。

《经验与教育》（汉英双语版）
【美】约翰·杜威 著
盛群力 译
定价：38.00元

美国教育家杜威在书中深刻地诠释了"教育即生活""教育即生长""教育即经验的改造"等实用主义教育思想。评论者认为，该书"也许是杜威作品中最简明扼要、最通俗易懂且意义最深刻的一部"。

《童年的秘密》（汉英双语版）
【意】玛利亚·蒙台梭利 著
郑福明 译
定价：78.00元

意大利儿童教育家蒙台梭利所有作品中最有影响力的一部，为我们破解了儿童成长过程中的诸多密码。

《论教育学·系科之争》
【德】伊曼努埃尔·康德 著
杨云飞 邓晓芒 译
邓晓芒 校
定价：58.00元

全面地反映了德国伟大的哲学家和教育家康德的教育思想。我国著名哲学家邓晓芒教授和其弟子杨云飞博士根据德文原著历时一年多精心翻译，并撰写了大量的译者注和精彩的"译者导读"。

《理想国》
【古希腊】柏拉图 著
陶志琼 译
定价：62.00元

古希腊哲学家、教育家柏拉图的代表作，它既是一部"哲学大全"、政治学名篇，也是一部经典的教育著作。译者历时一年多，参考国内外二十余种译本翻译此书，并在书中增加了大量注释。

《爱弥儿》（精选本）
【法】让-雅克·卢梭 著
檀传宝 等 译
定价：48.00元

法国启蒙思想家和教育家卢梭的代表作，一本小说体教育名著。著名教育学者檀传宝教授领衔选译《爱弥儿》全书的精华部分。

《儿童教育心理学》
【奥】阿尔弗雷德·阿德勒 著
杨韶刚 译
定价：35.00元

又名《儿童的人格教育》，与弗洛伊德、荣格齐名的心理学大师阿德勒的代表作，帮助教师、家长捕捉儿童的心理敏感期，培养儿童健全的人格。

《童年的王国：听斯坦纳讲华德福教育》
【奥】鲁道夫·斯坦纳 著
霍力岩 等 译
定价：38.00元

奥地利哲学家、教育家，华德福教育创始人斯坦纳博士在本书中全面呈现了华德福教育的理念和做法。我国著名幼儿教育专家霍力岩教授领衔翻译。

《教育漫话·理解能力指导散论》
【英】约翰·洛克 著
郭元祥 等 译校
定价：48.00元

英国教育家、哲学家洛克的两部教育名著的合集，绅士教育理论的集大成之作。著名教育学者郭元祥教授精心组织翻译。

《大教学论》（评注版）
【捷】约翰·阿莫斯·夸美纽斯 著
刘富利 等 译
定价：48.00元

被誉为"现代教育之父"的捷克教育家、哲学家、神学家夸美纽斯的代表作，标志着教学论的诞生。牛津大学教育学者莫里斯·沃尔特·基廷在书中做出了精彩的评论，中文版译者撰写了大量译者注。

《教育论：智育、德育和体育》（评注版）
【英】赫伯特·斯宾塞 著
王占魁 译
定价：42.00元

英国教育学家、哲学家和社会学家斯宾塞的代表作，英国和法国的四位教育学家在书中对斯宾塞的教育观点做了独到的点评。

《教育学讲授纲要》（评注版）
【德】约翰·弗里德里希·赫尔巴特 著
盛群力 赵卫平 译
定价：50.00元

德国著名教育学家、心理学家和哲学家赫尔巴特的教育代表作，被誉为"真正的教书经"。美国康奈尔大学教授查尔斯·德加谟在书中针对赫尔巴特许多观点的社会现实意义做出了精彩的评注。